# Glass Bottle Coloring Book

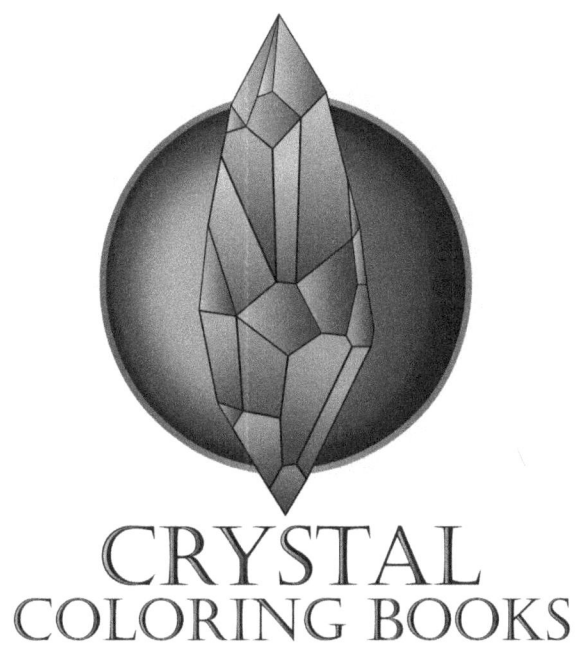

Copyright © 2018 Crystal Coloring Books
All rights reserved.

ISBN:9781720214120

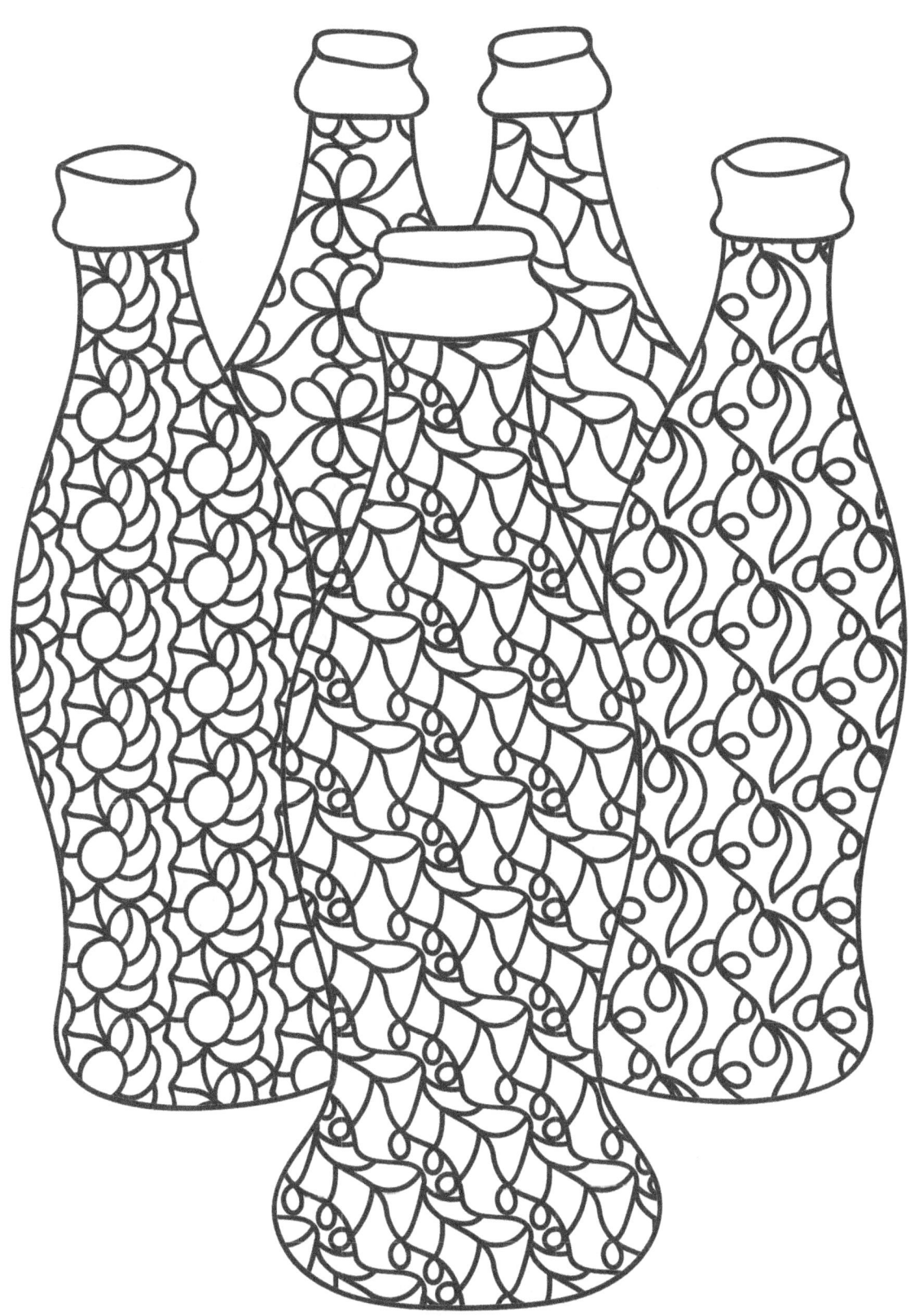

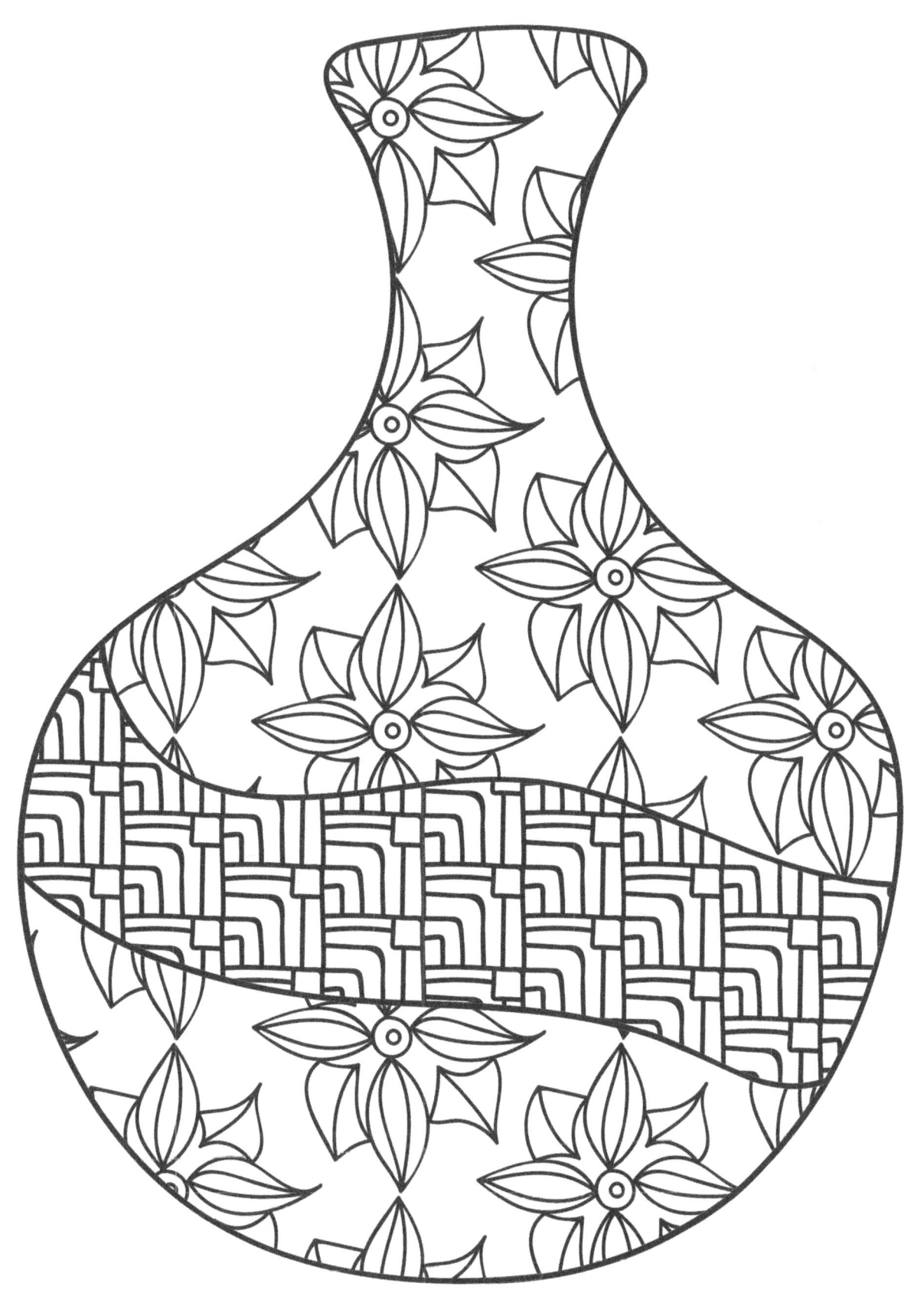

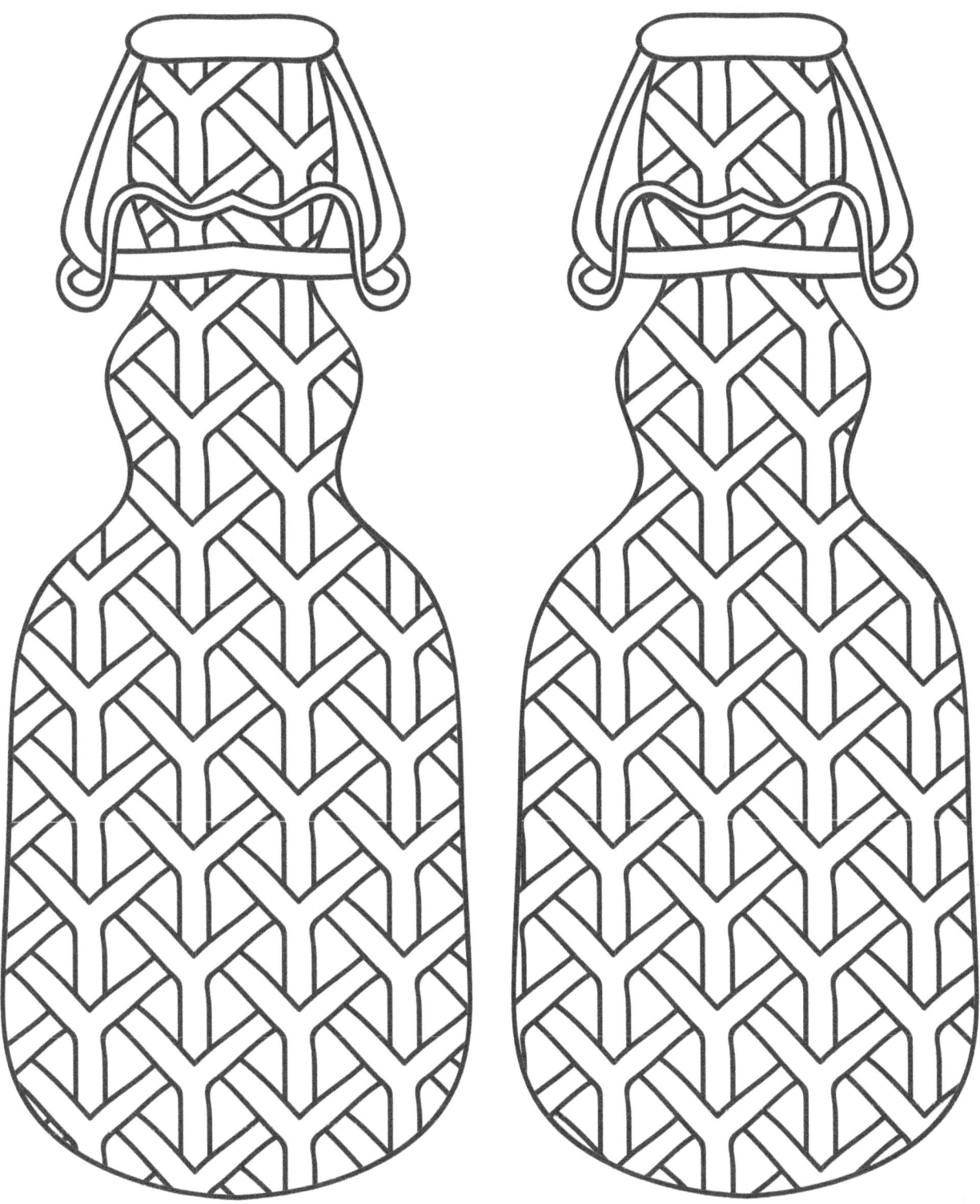

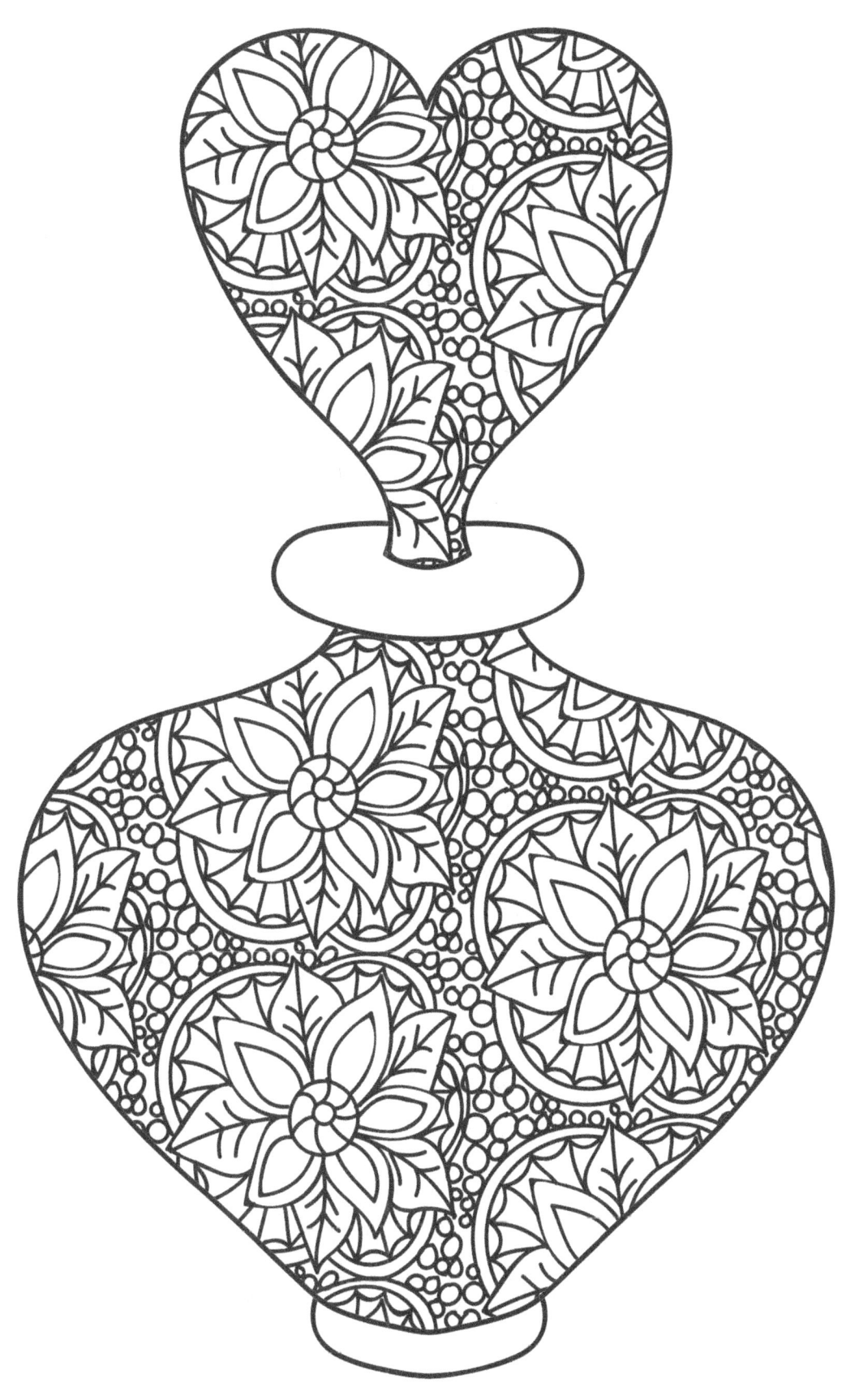

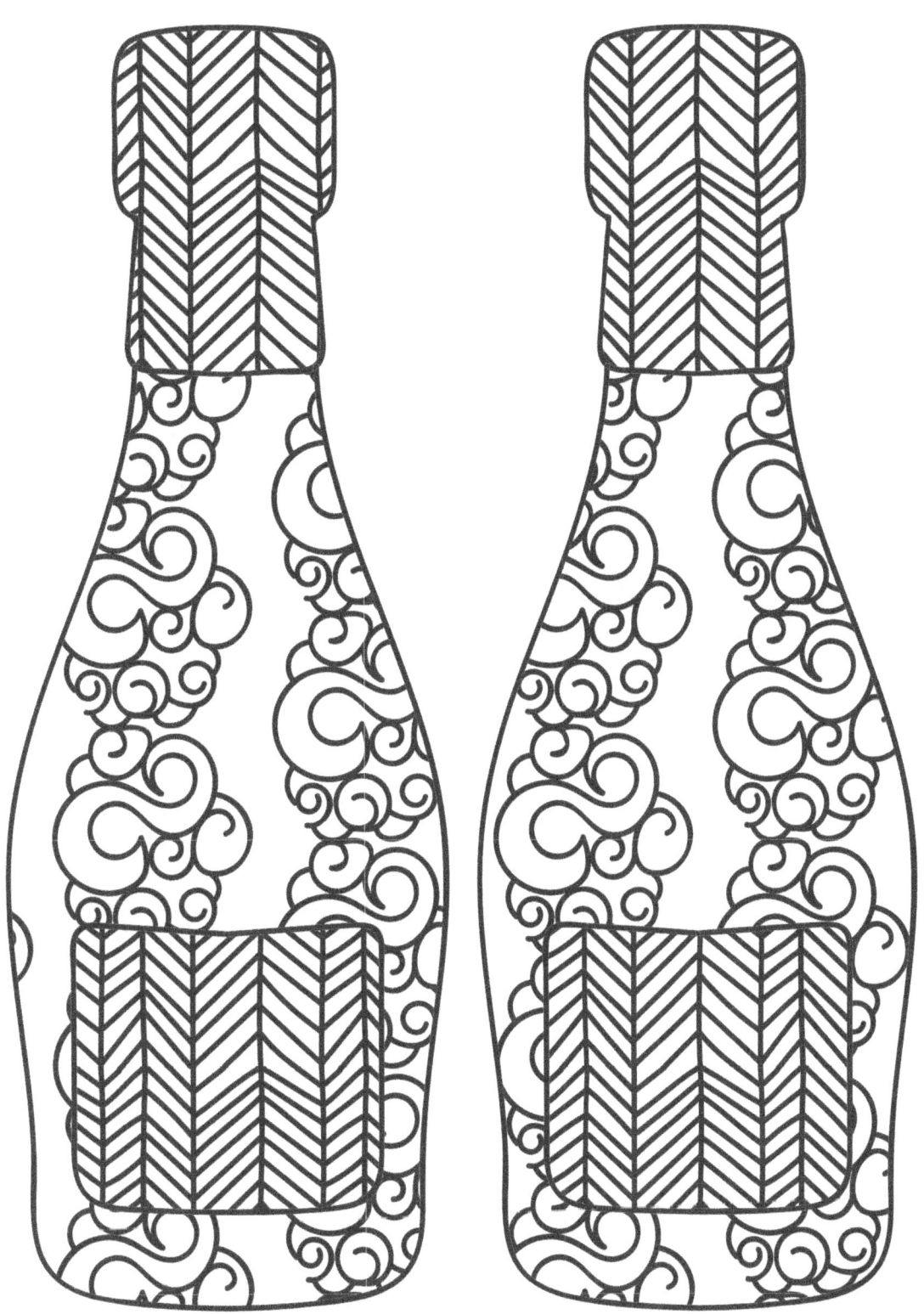

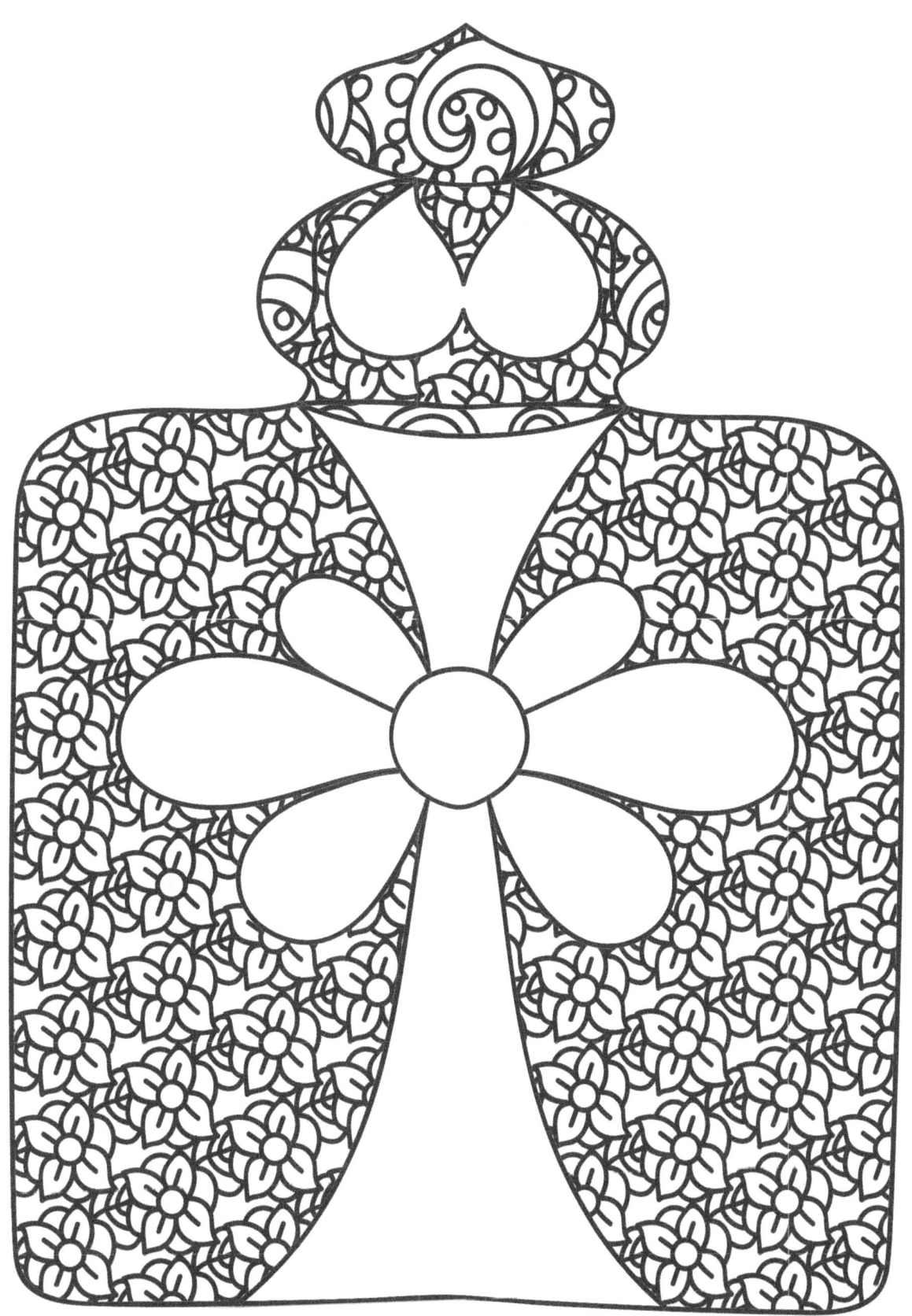

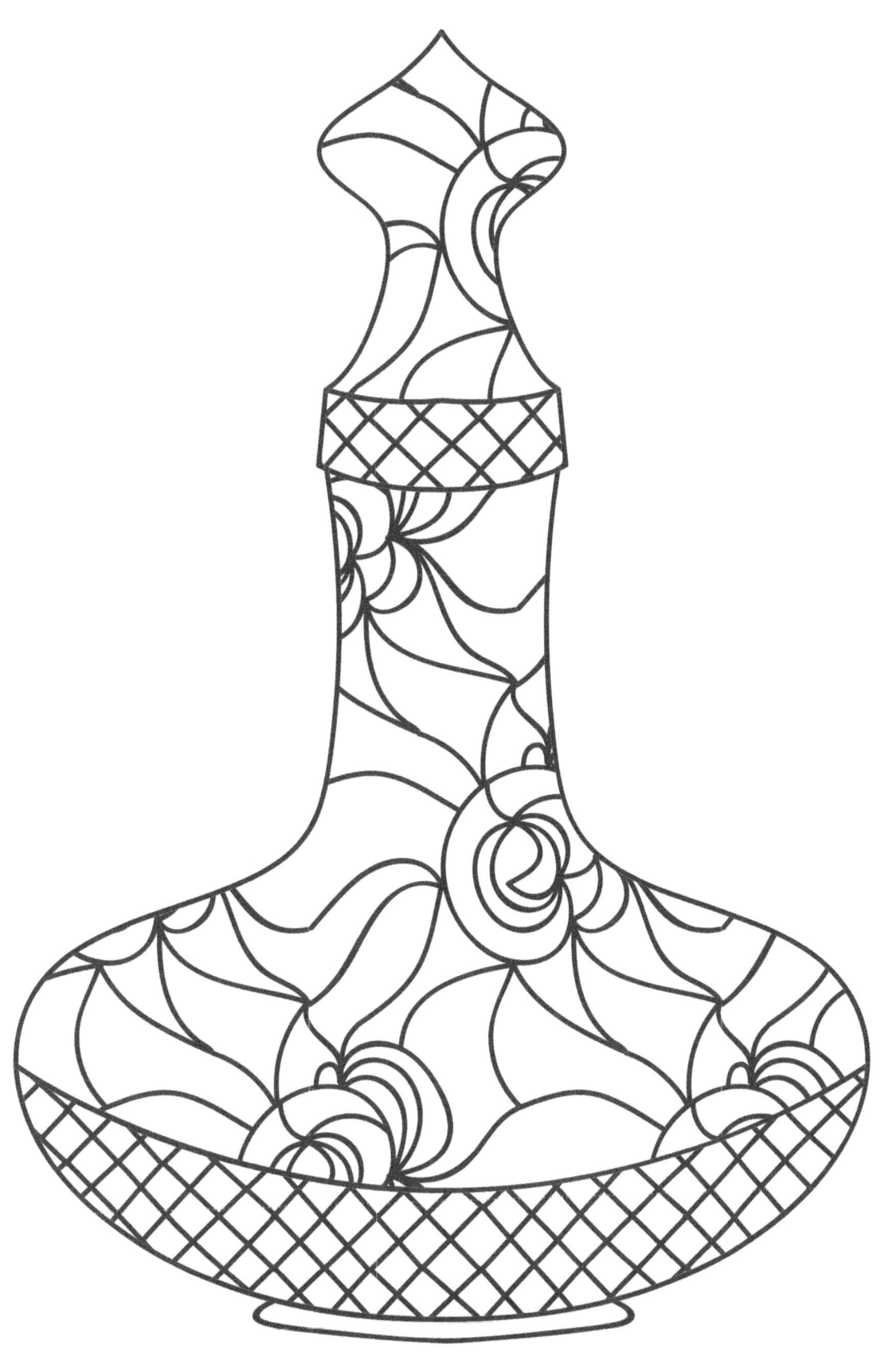

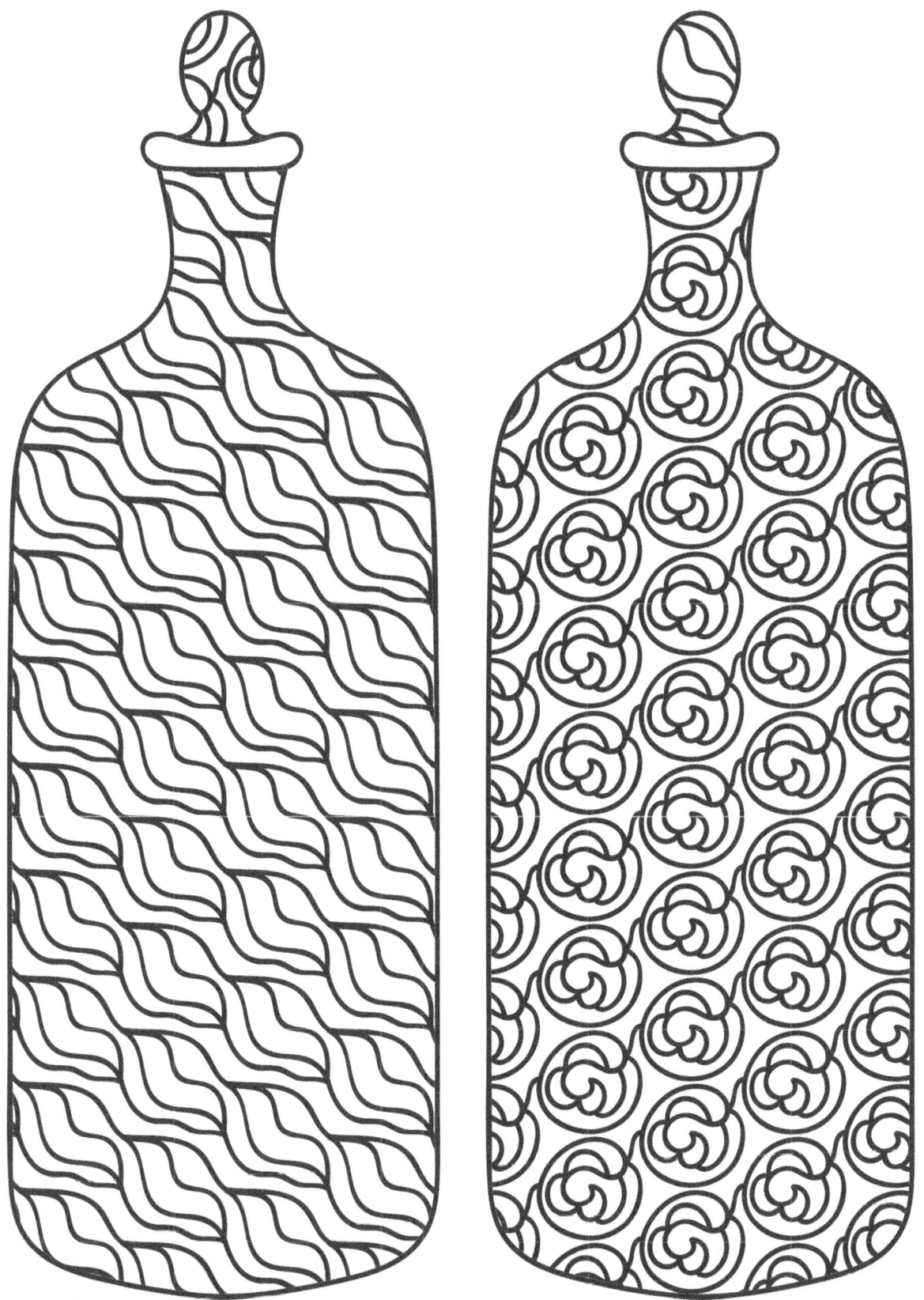

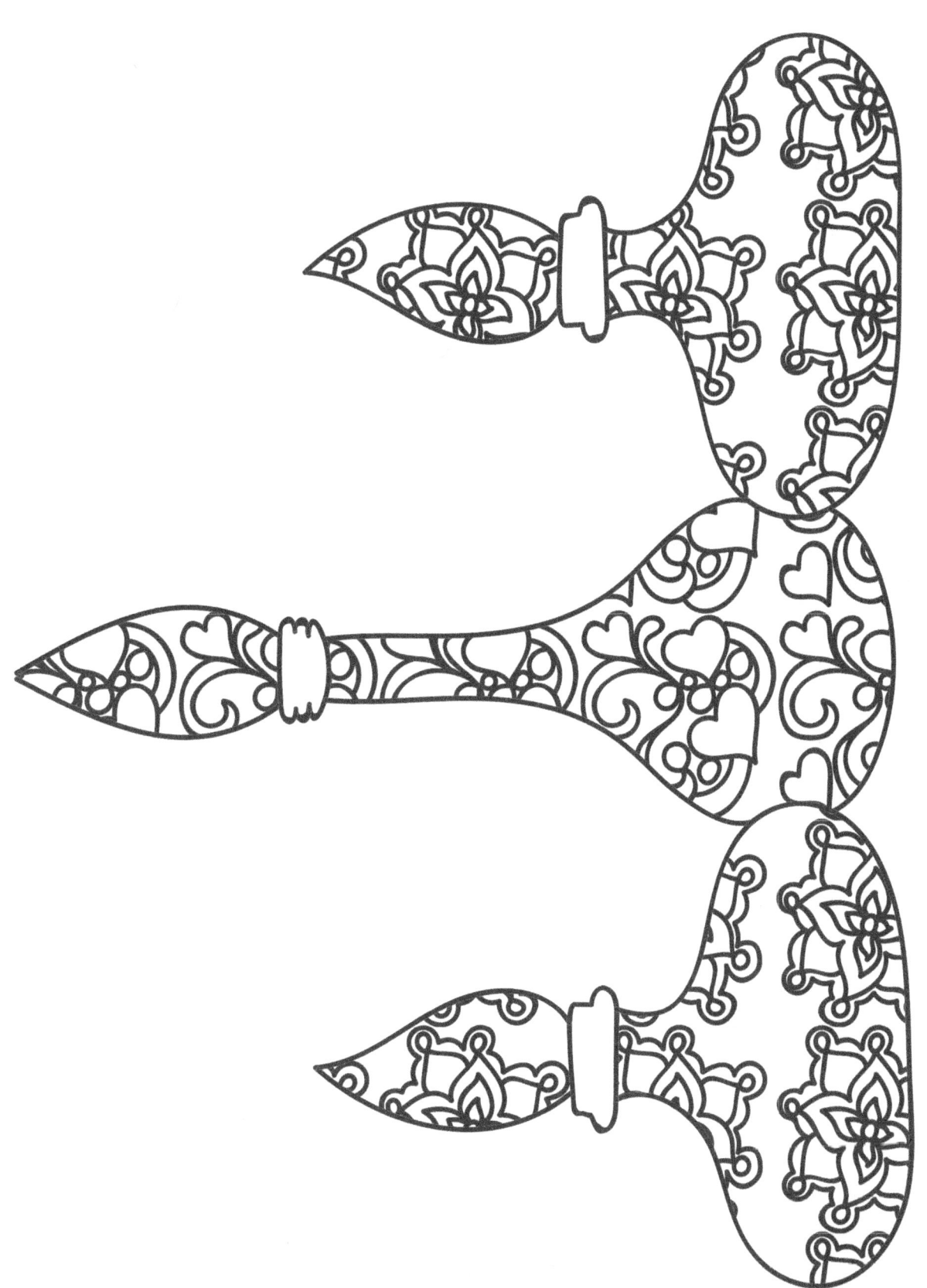

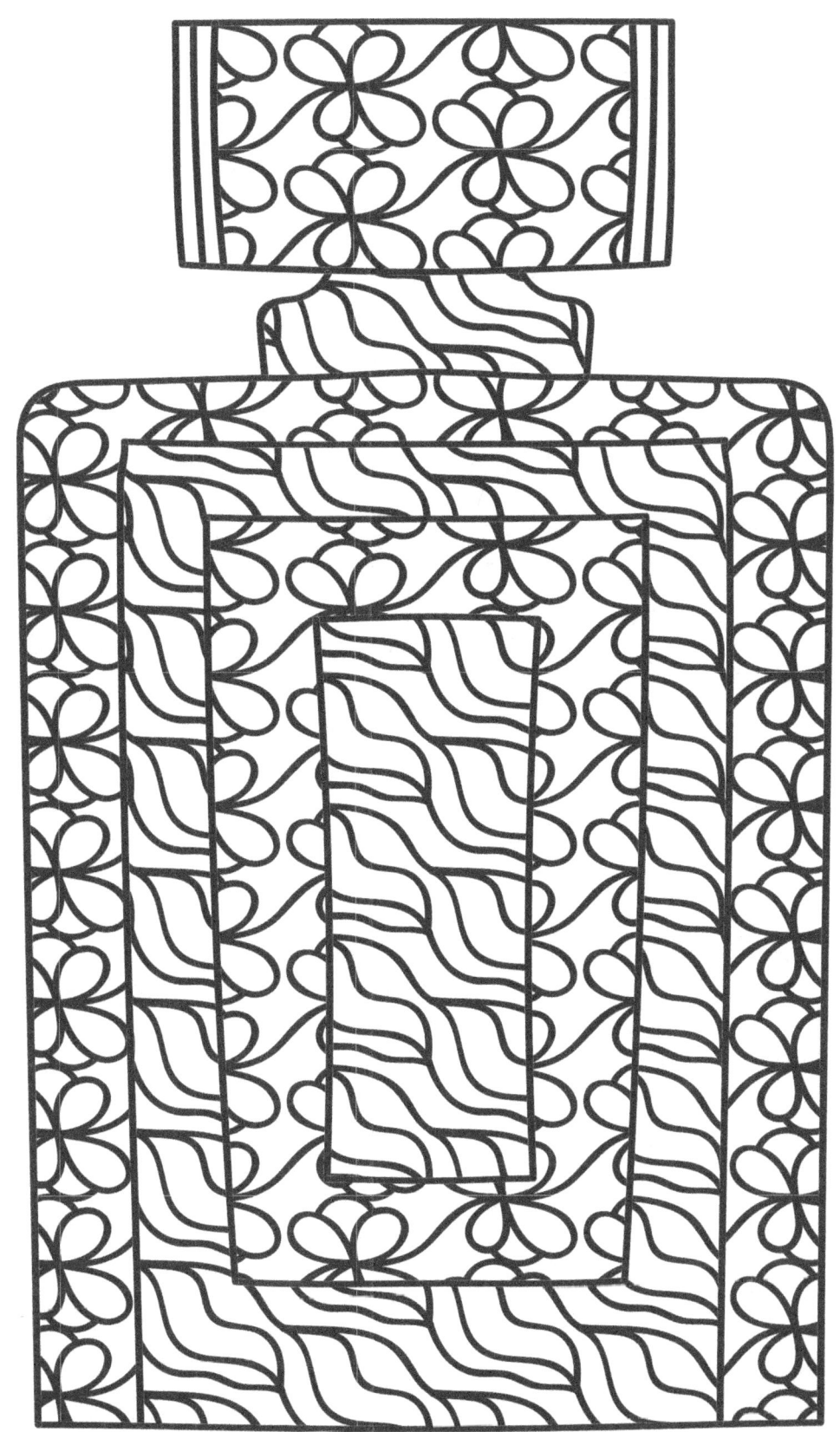

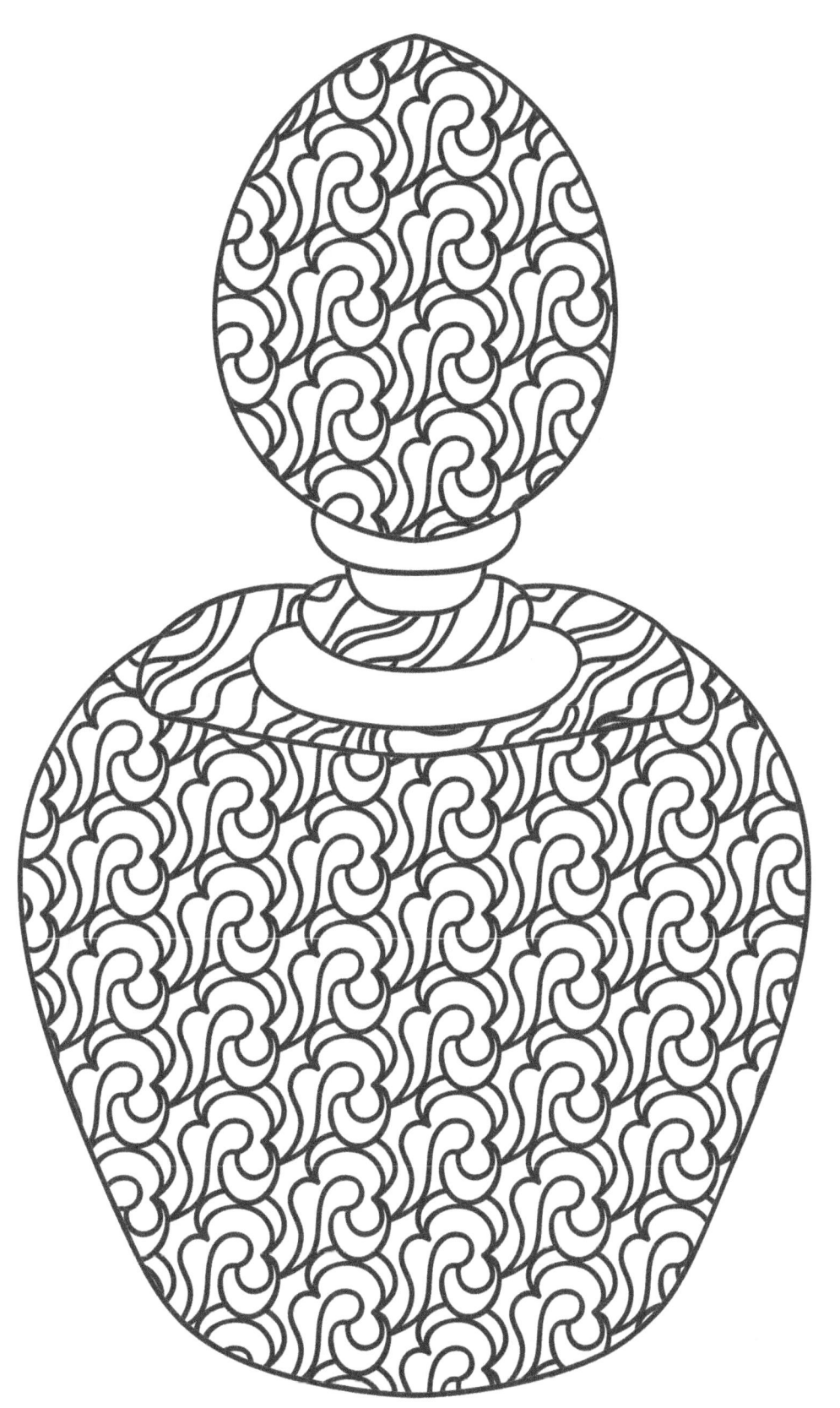

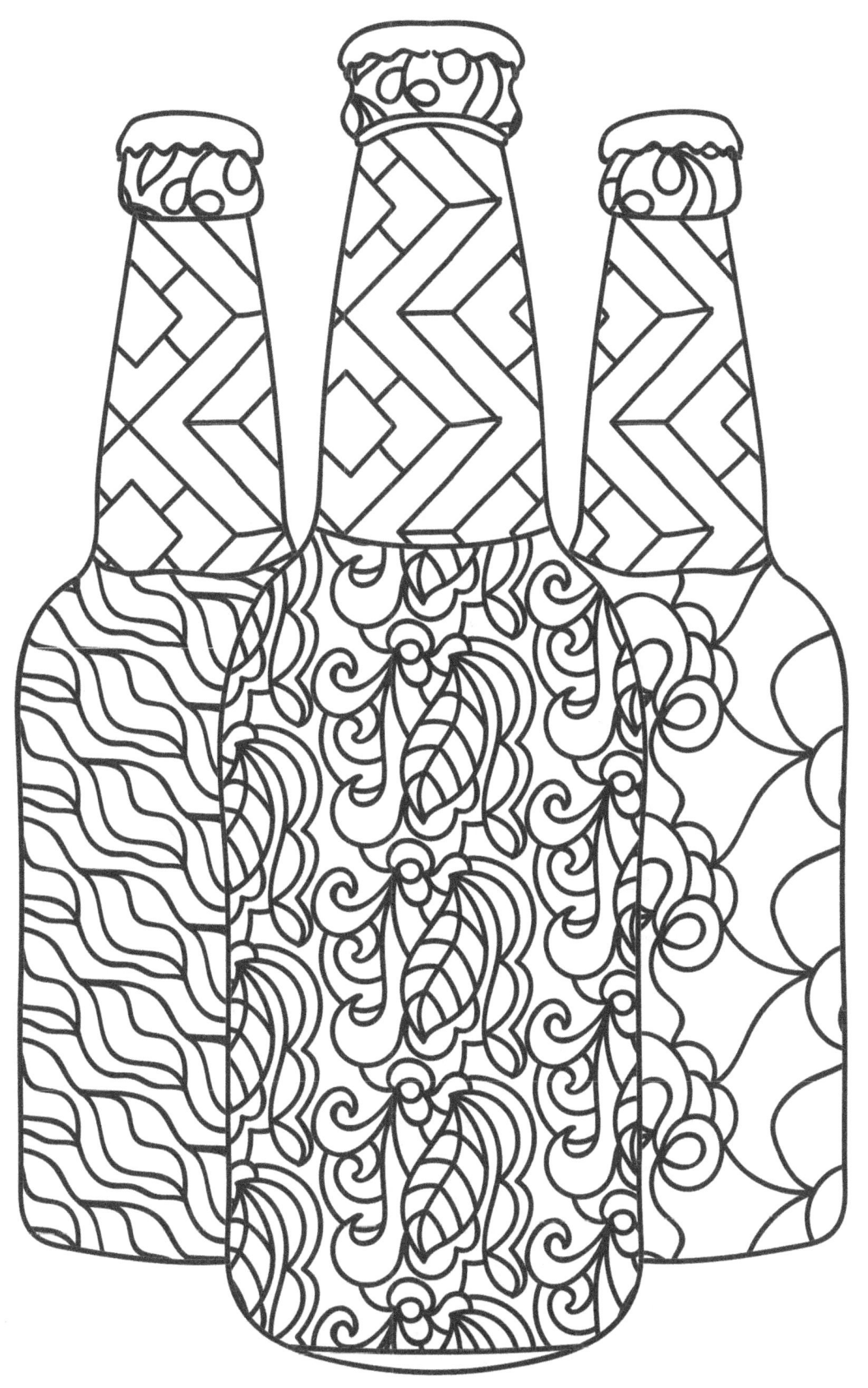

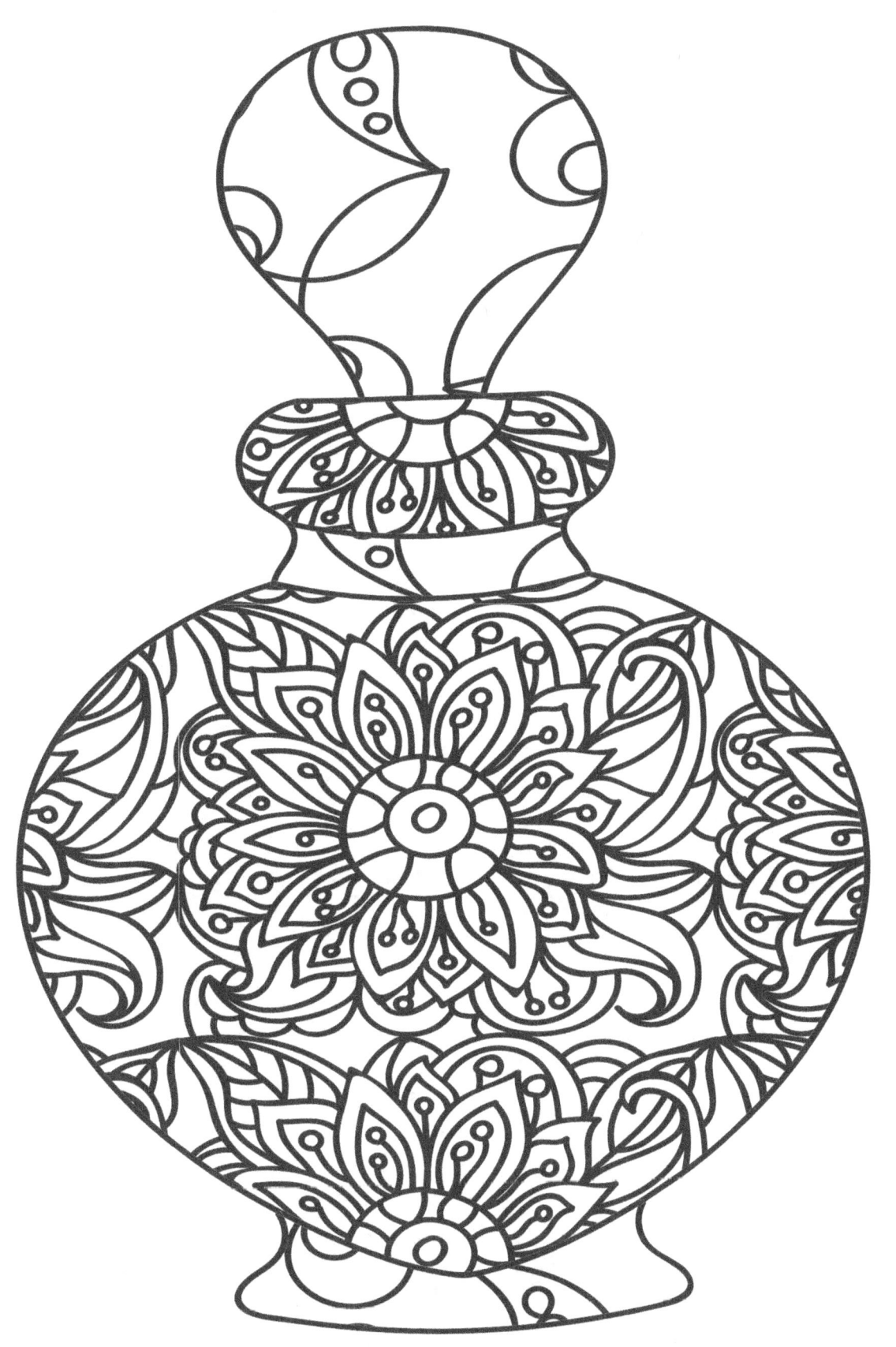

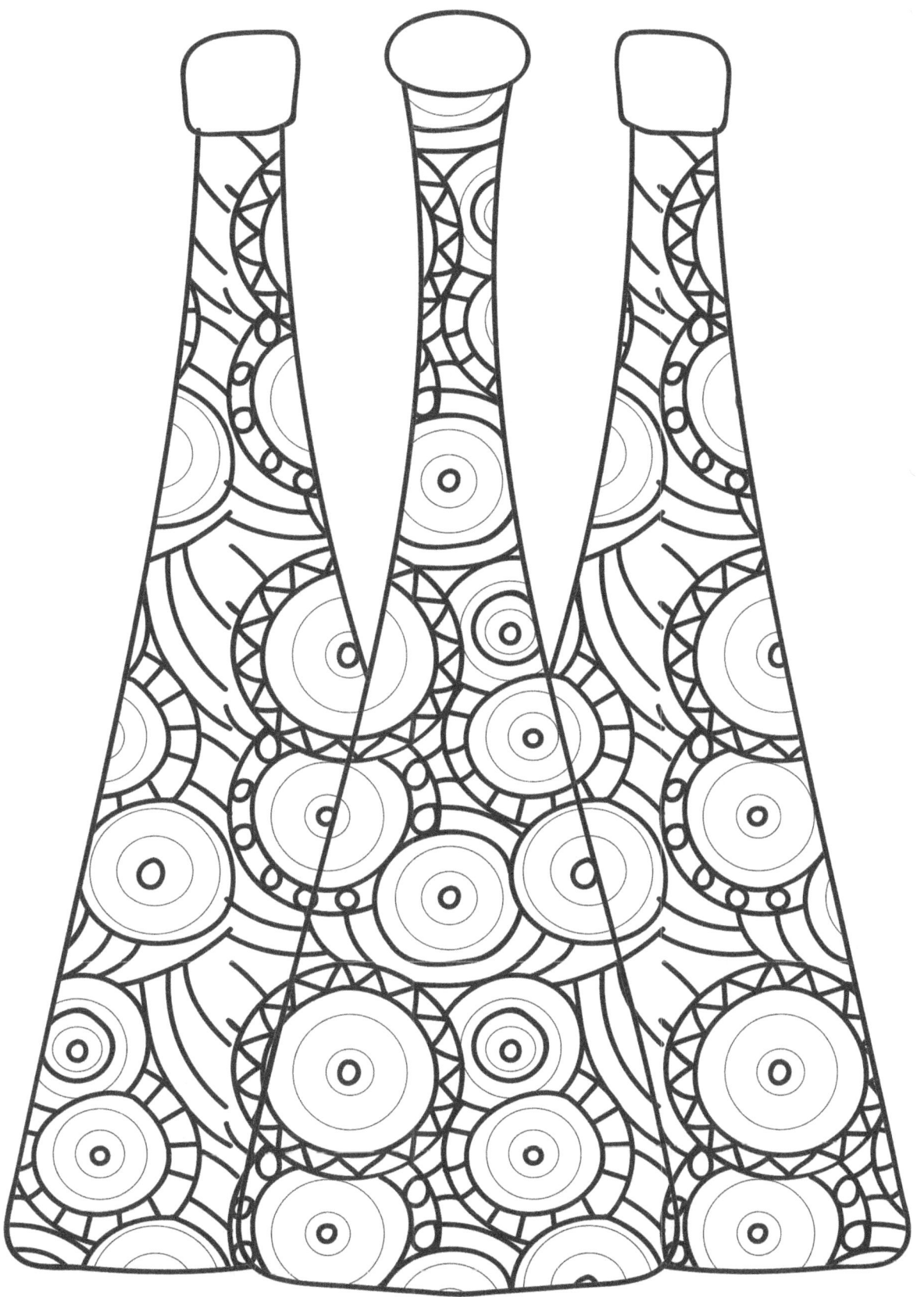

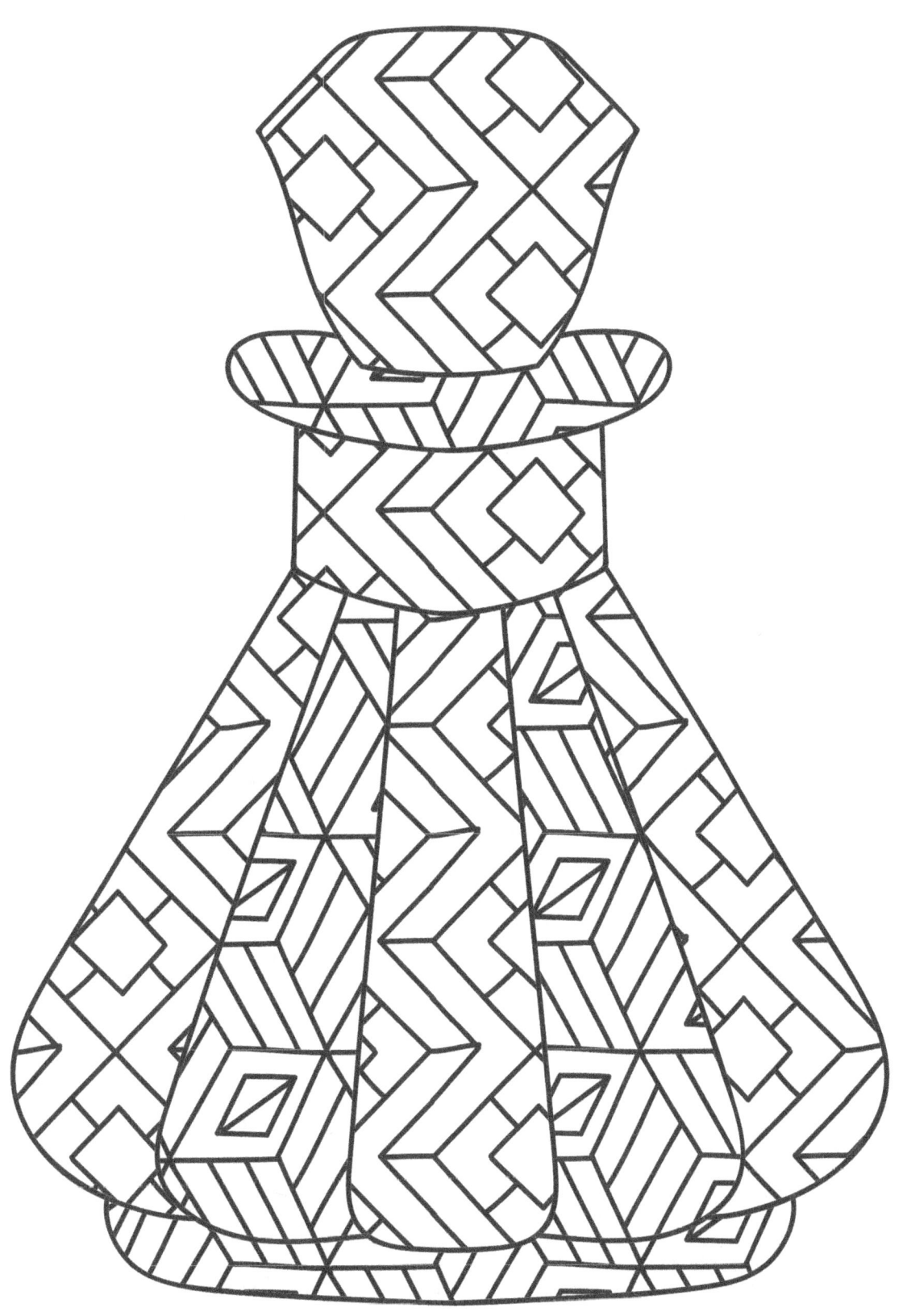

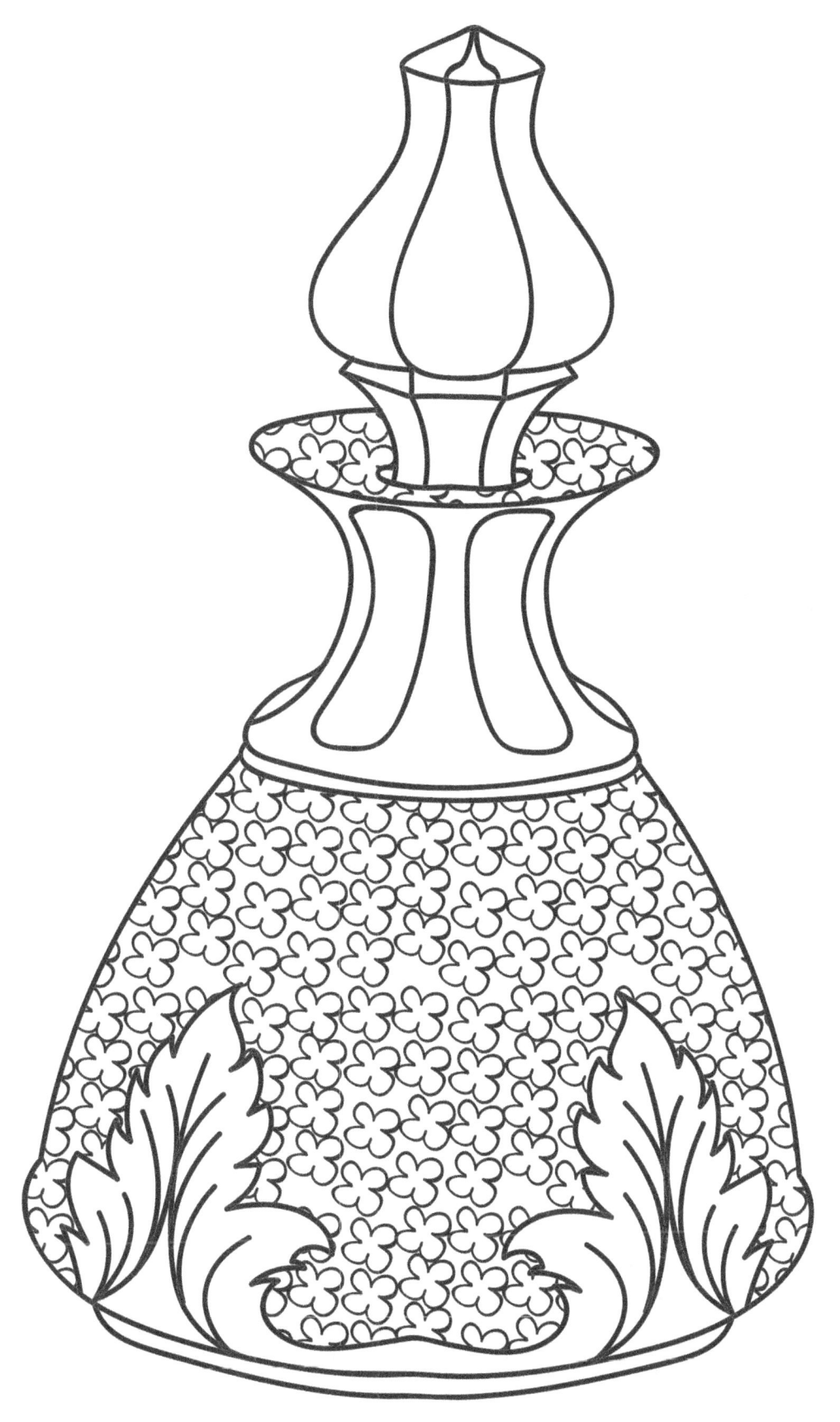

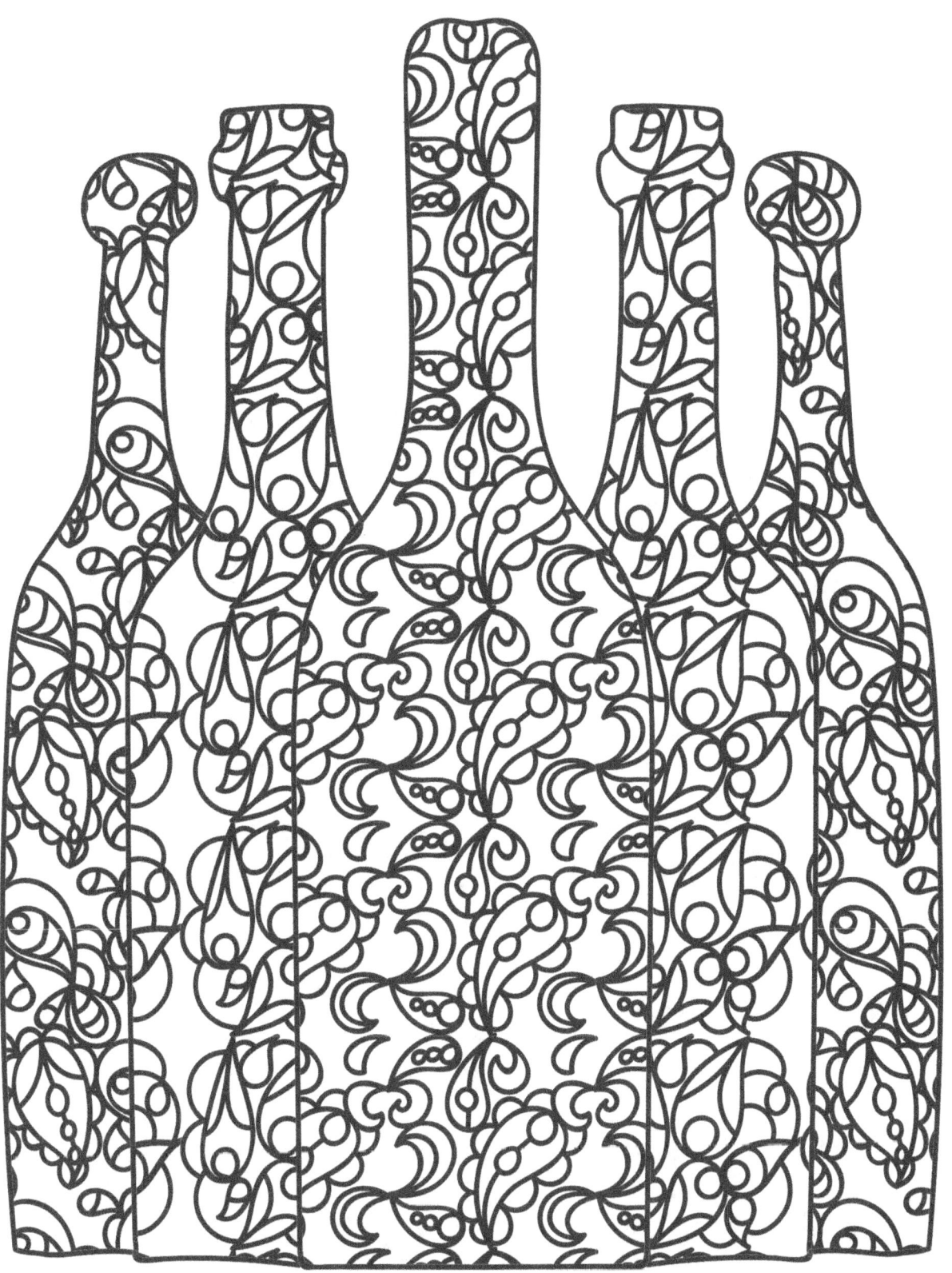

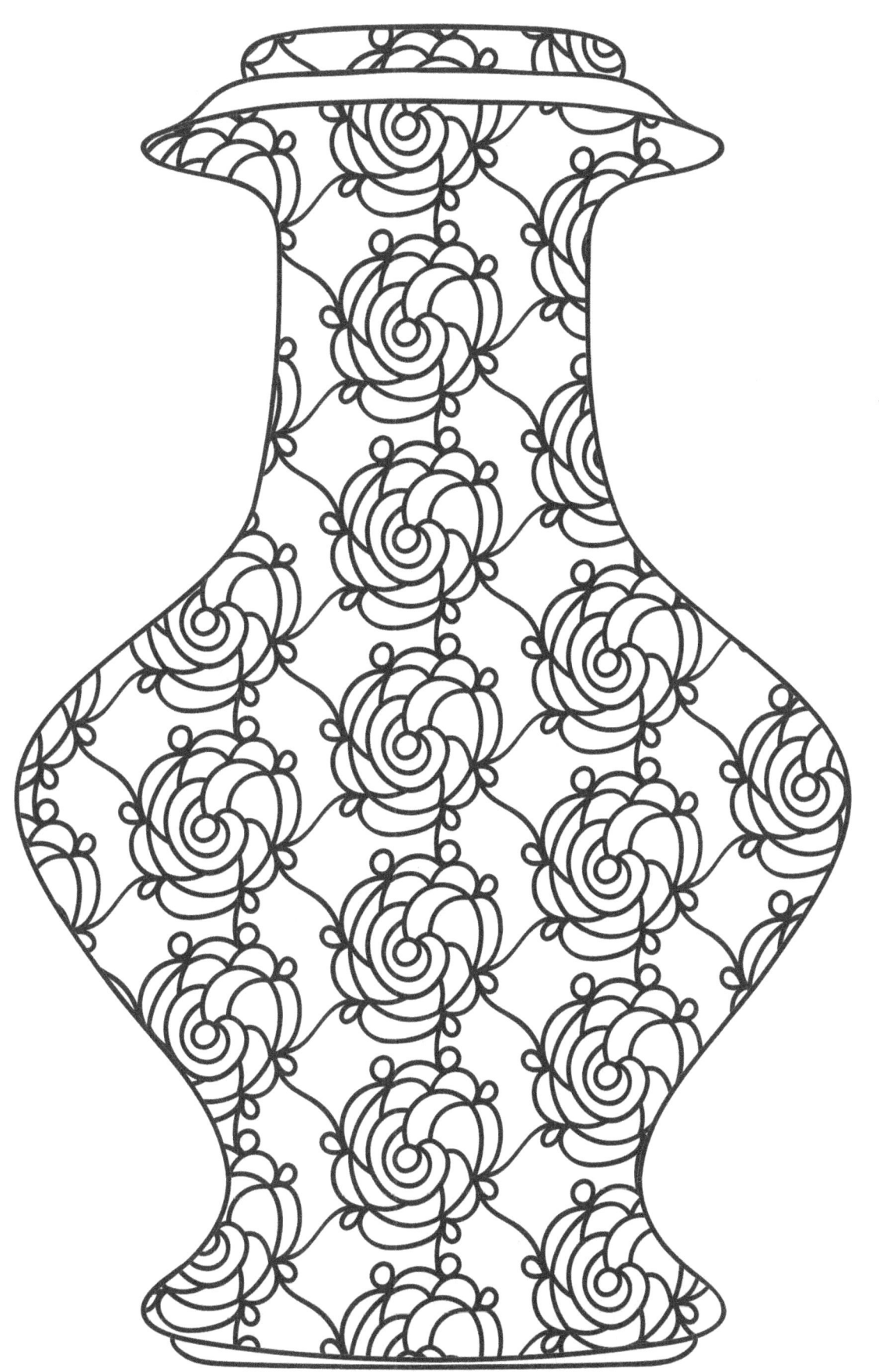

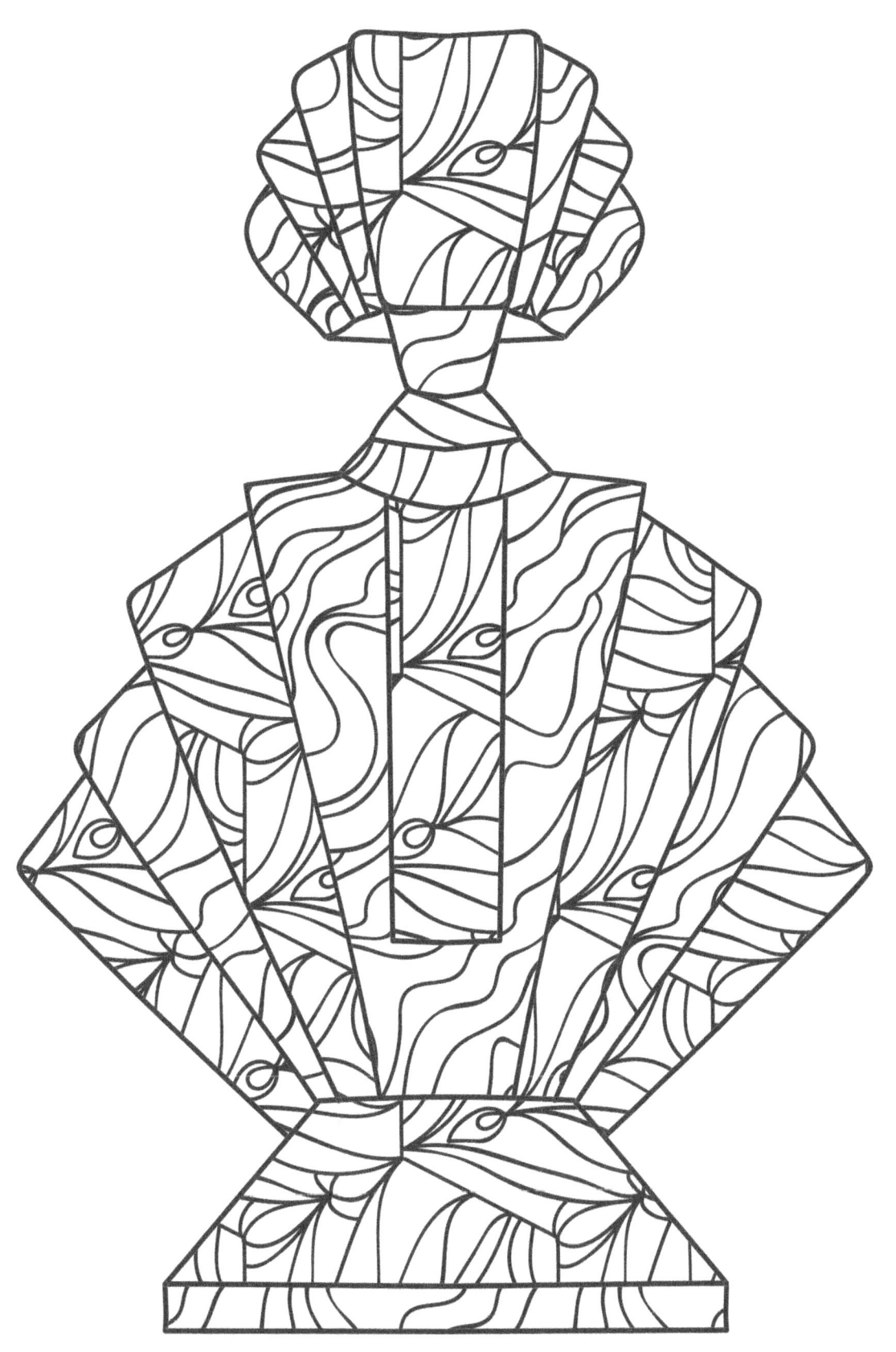

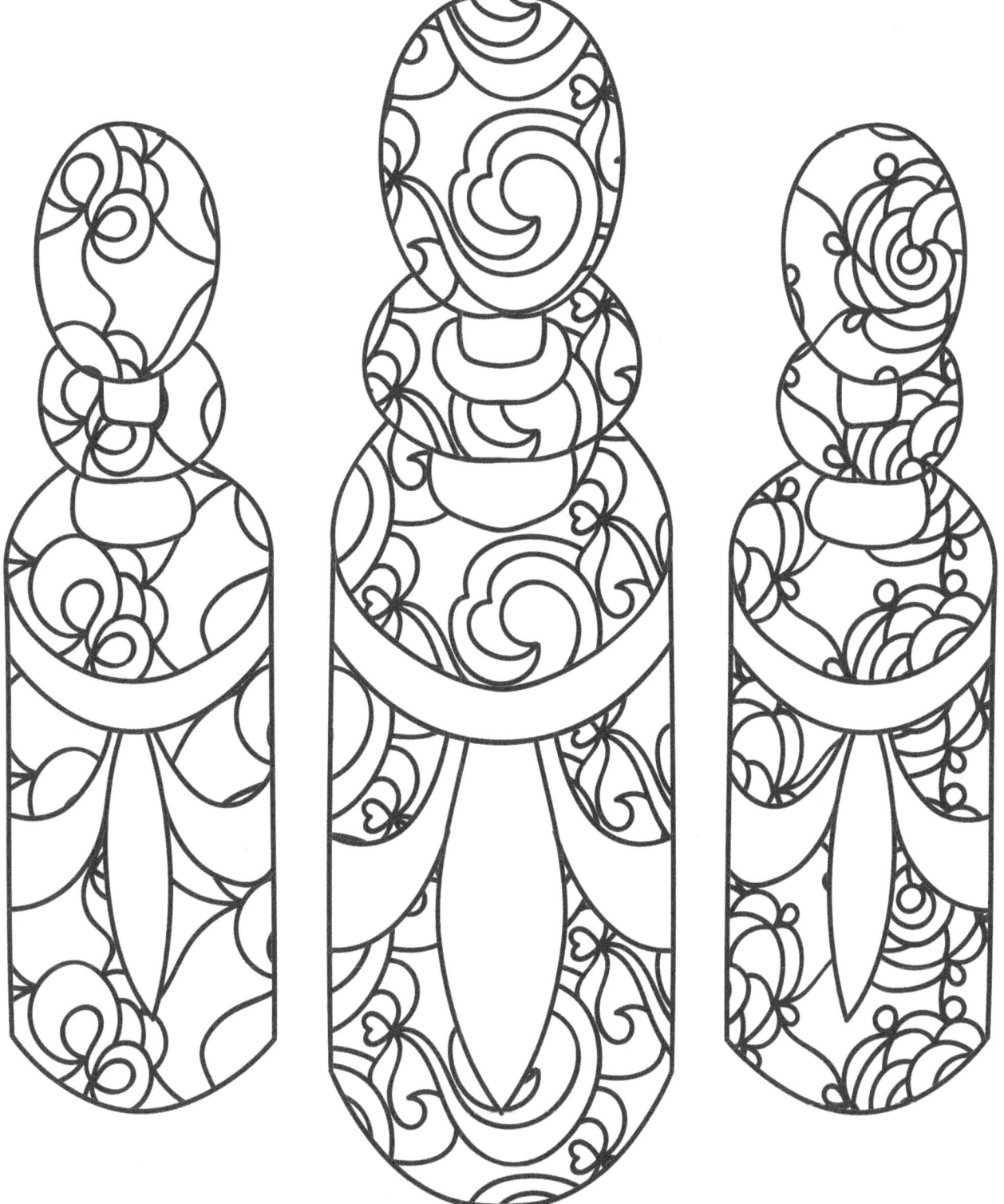

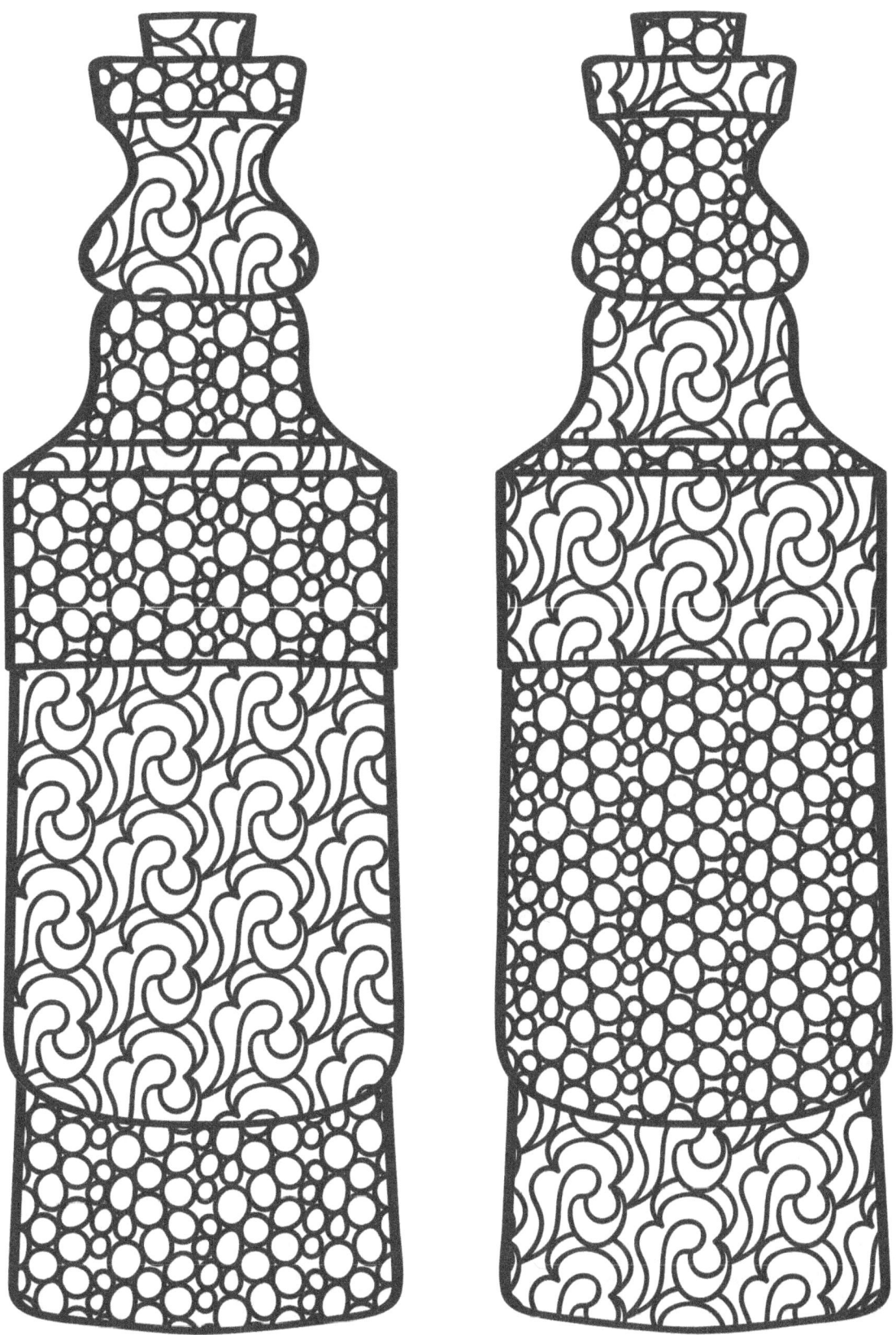

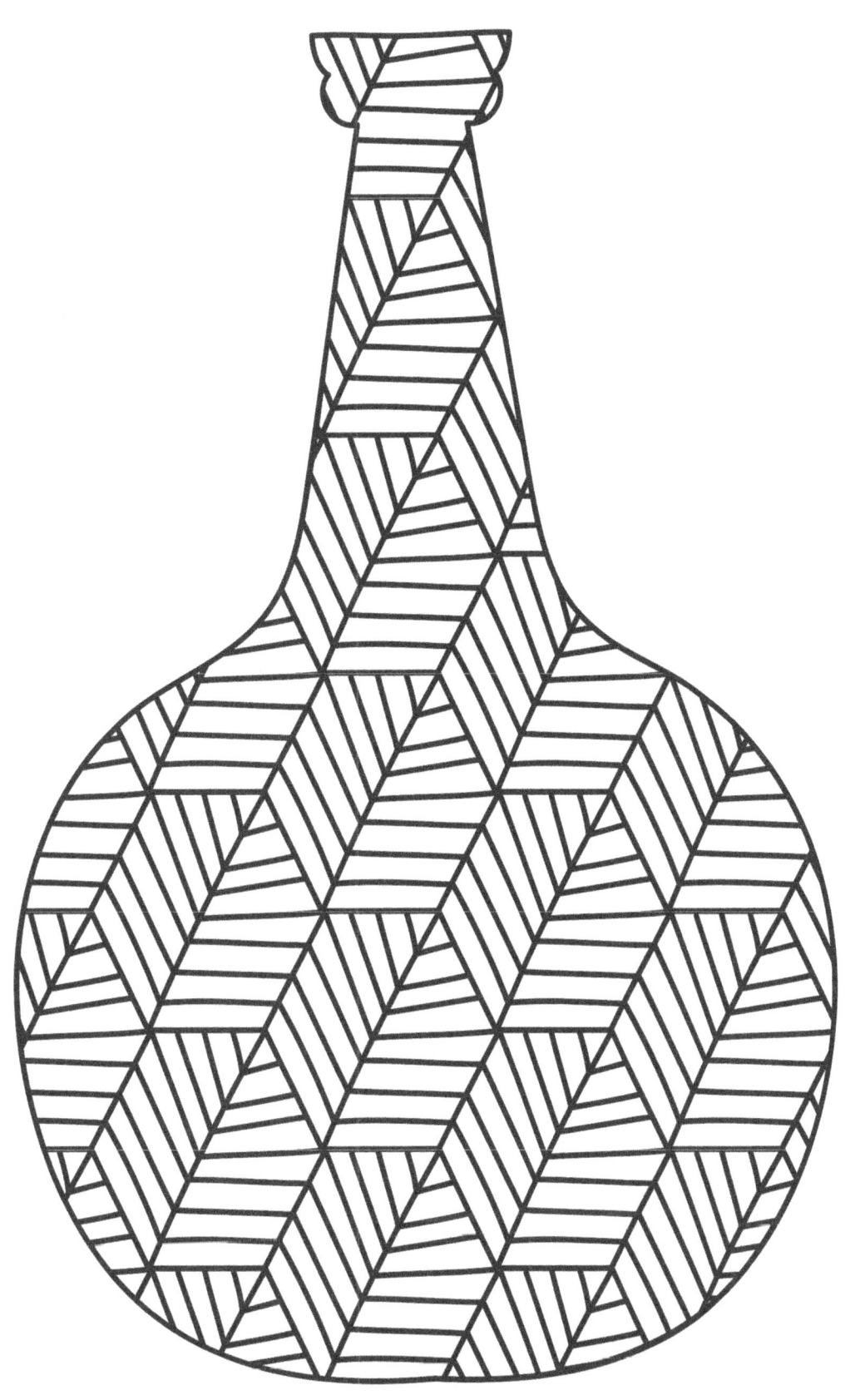

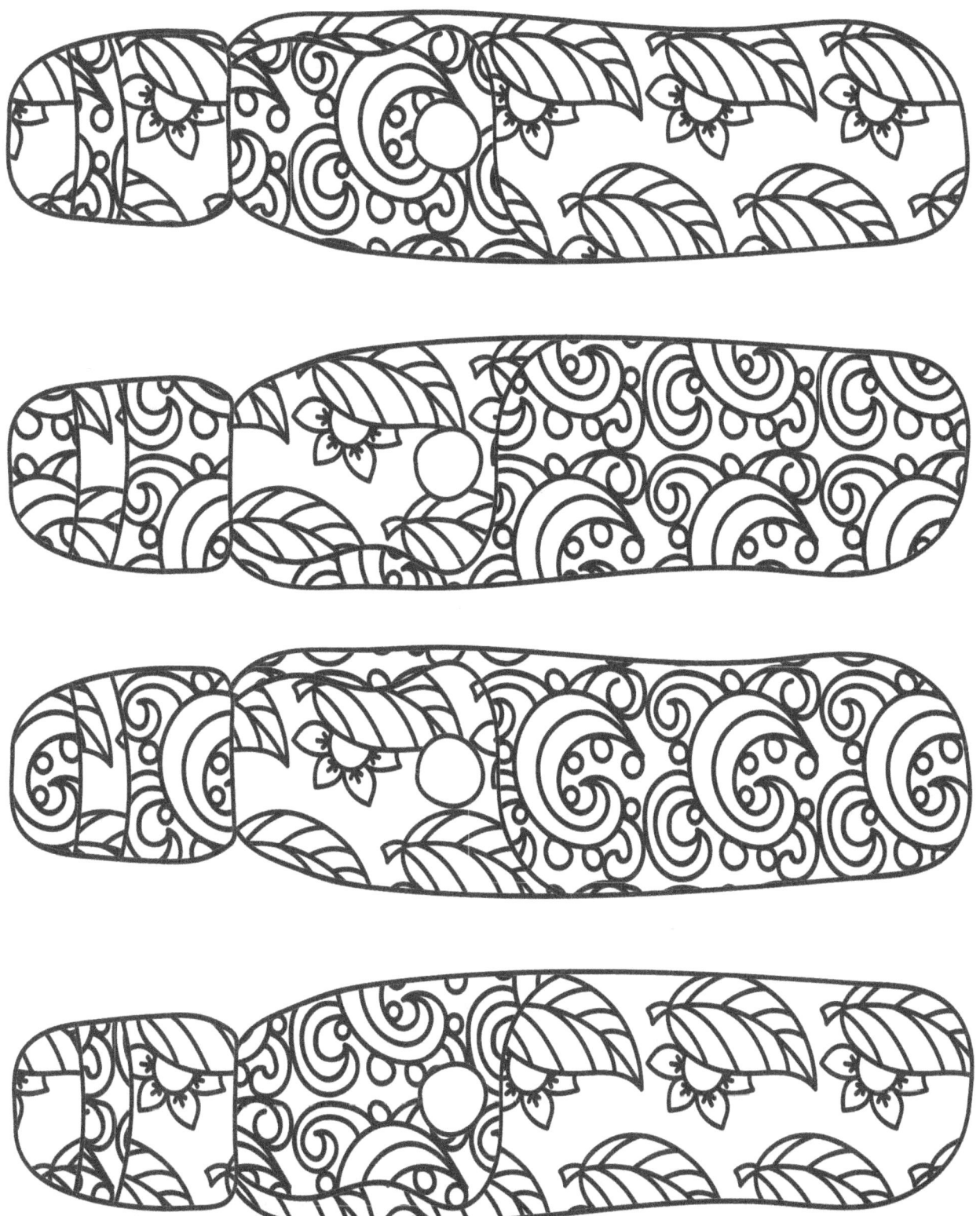

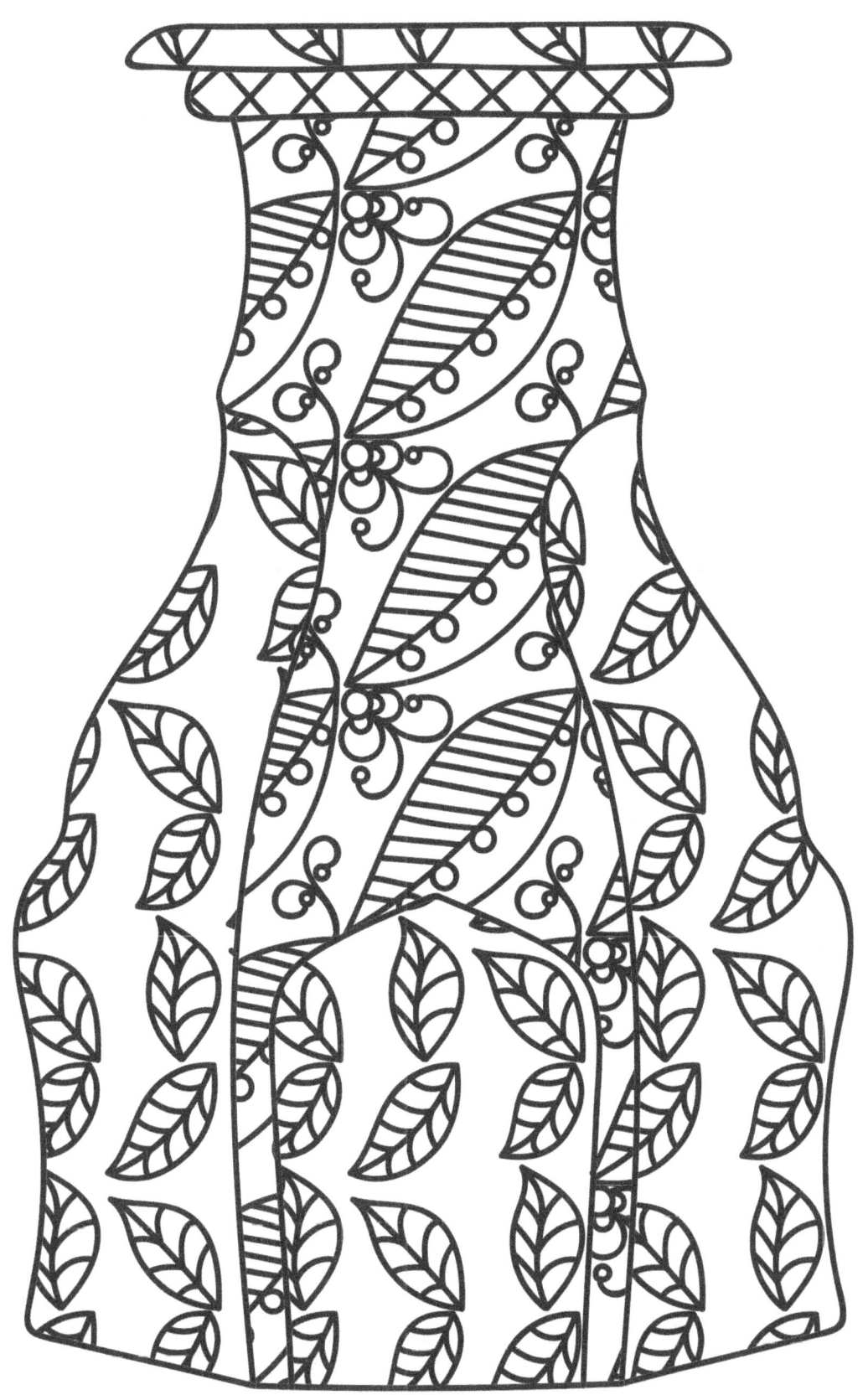

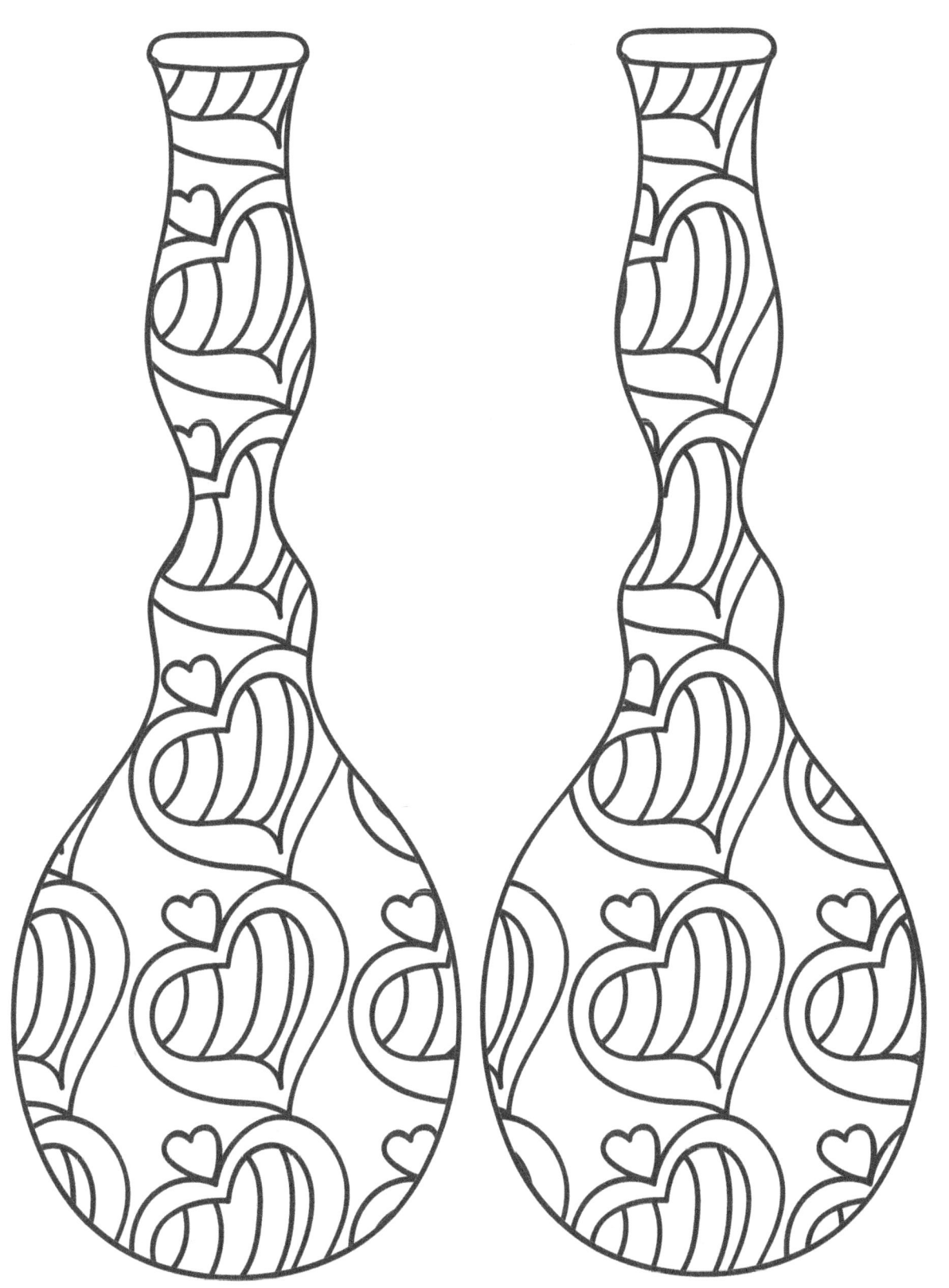

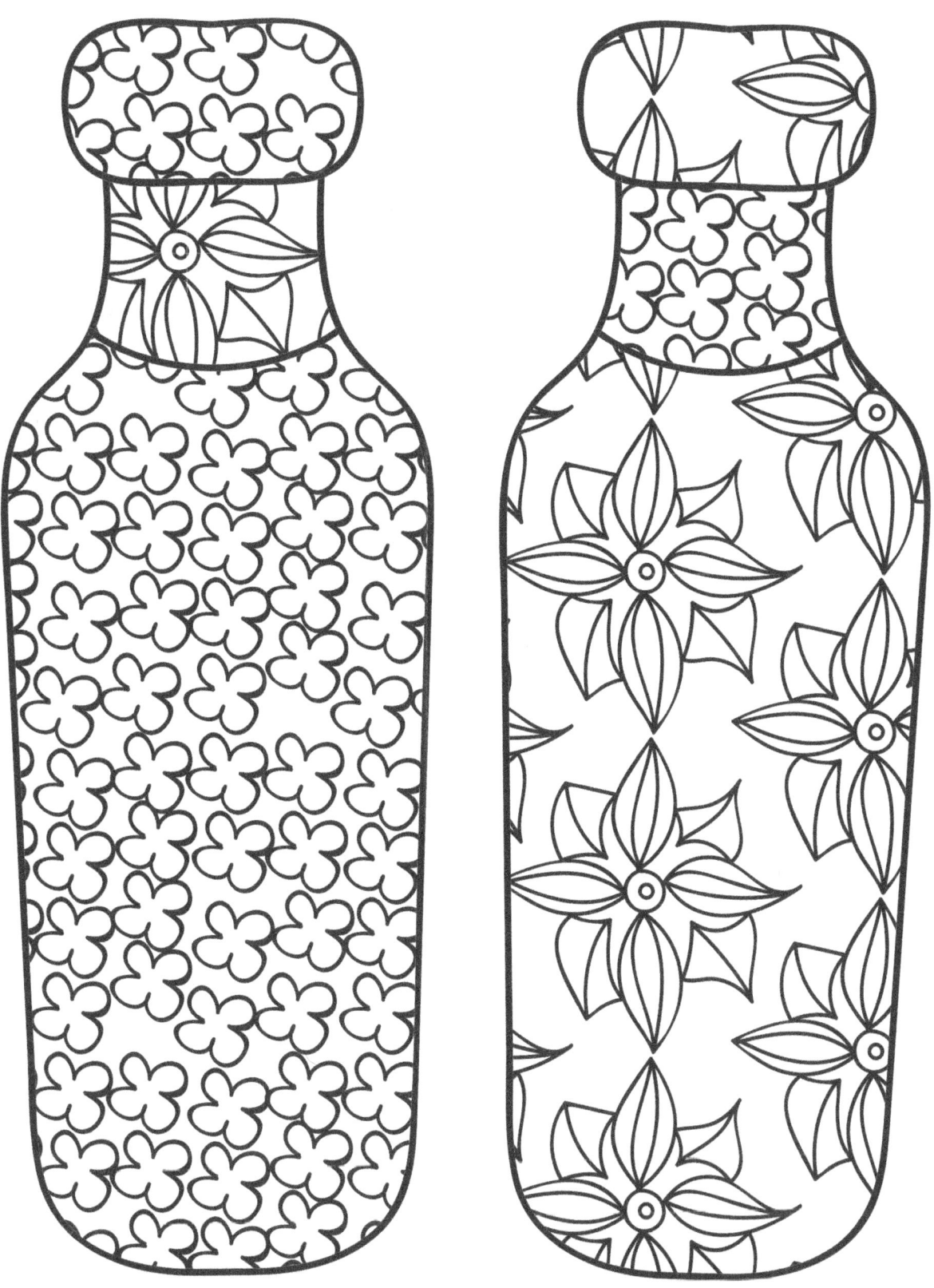

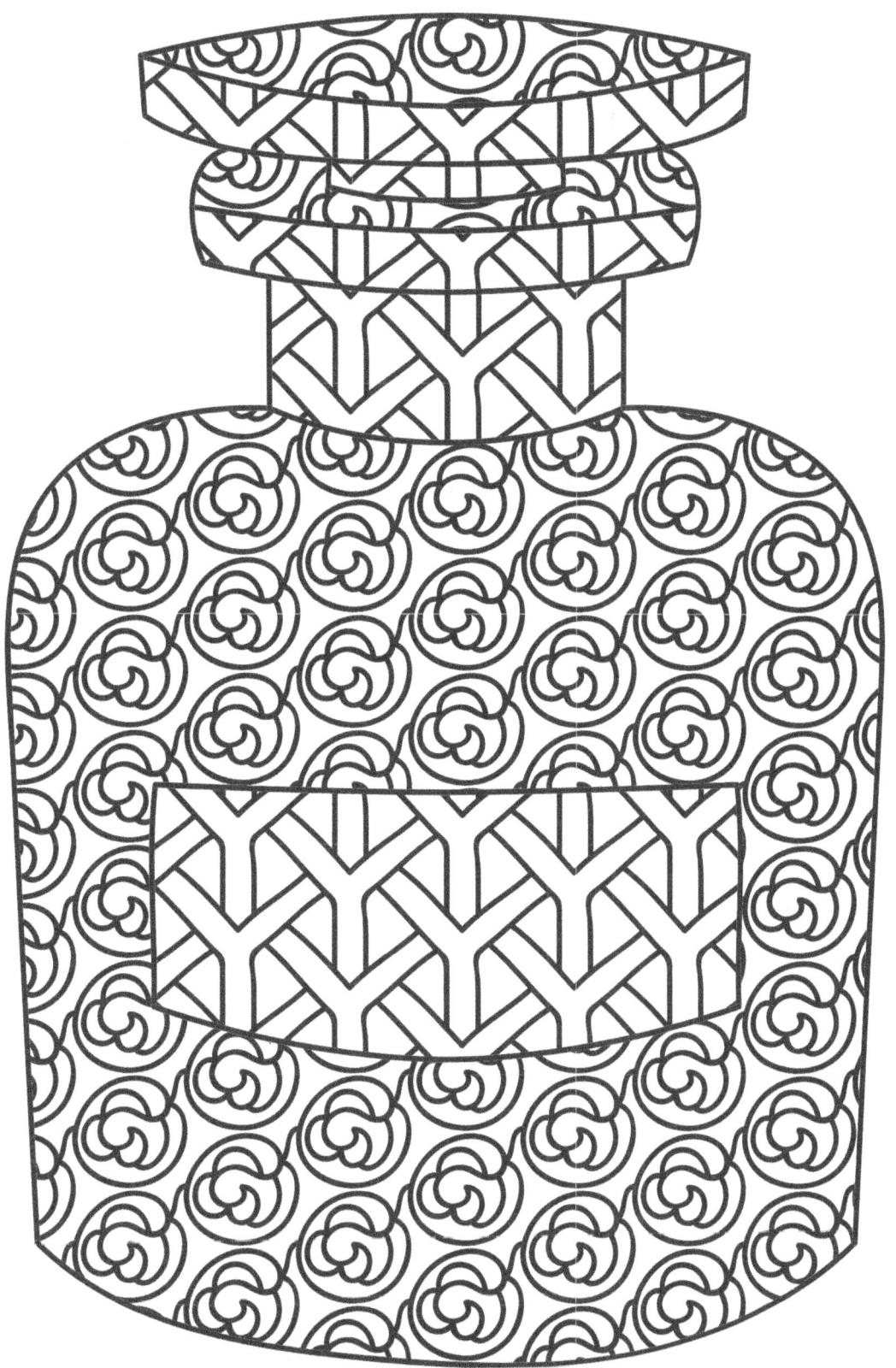

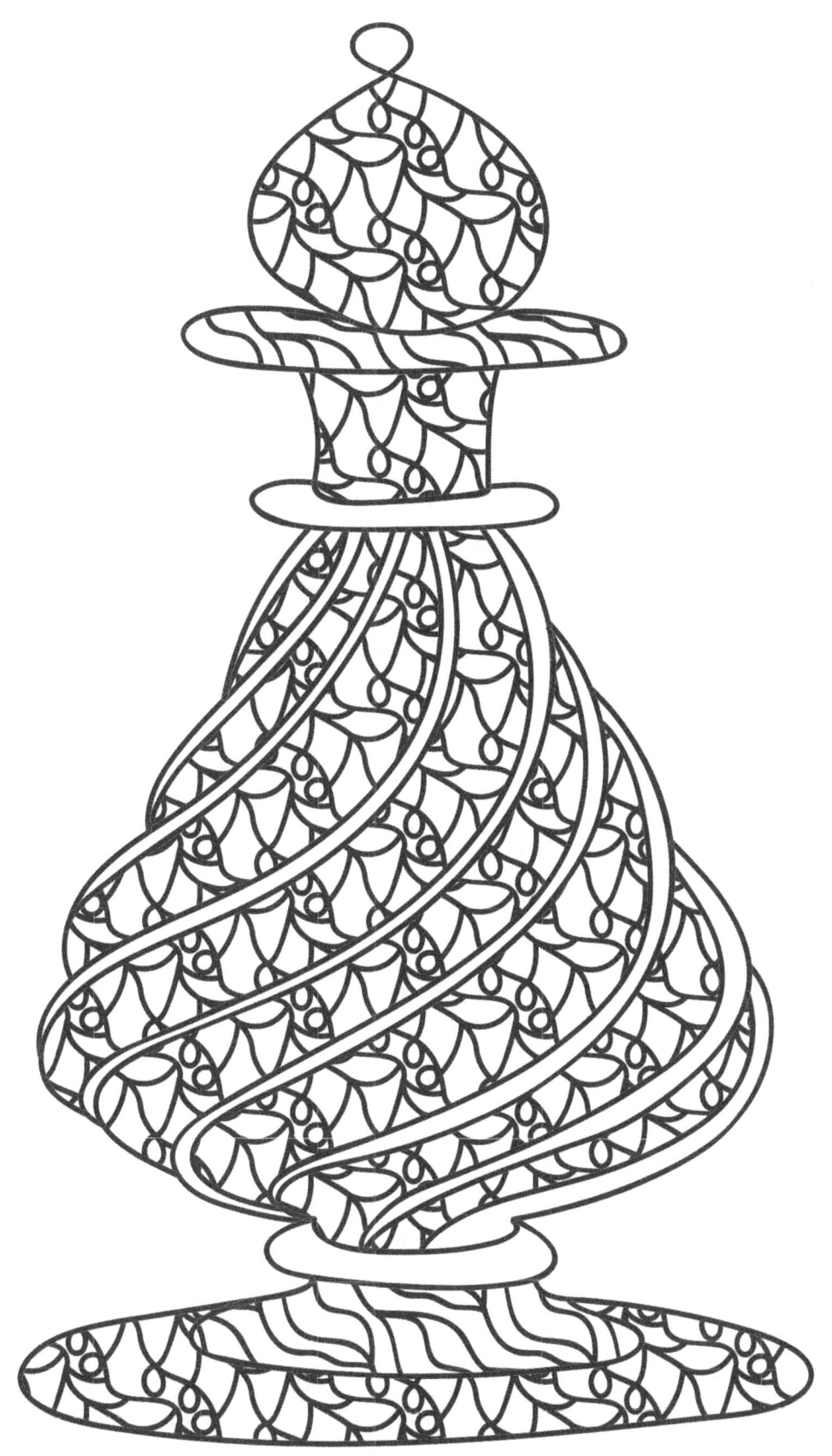

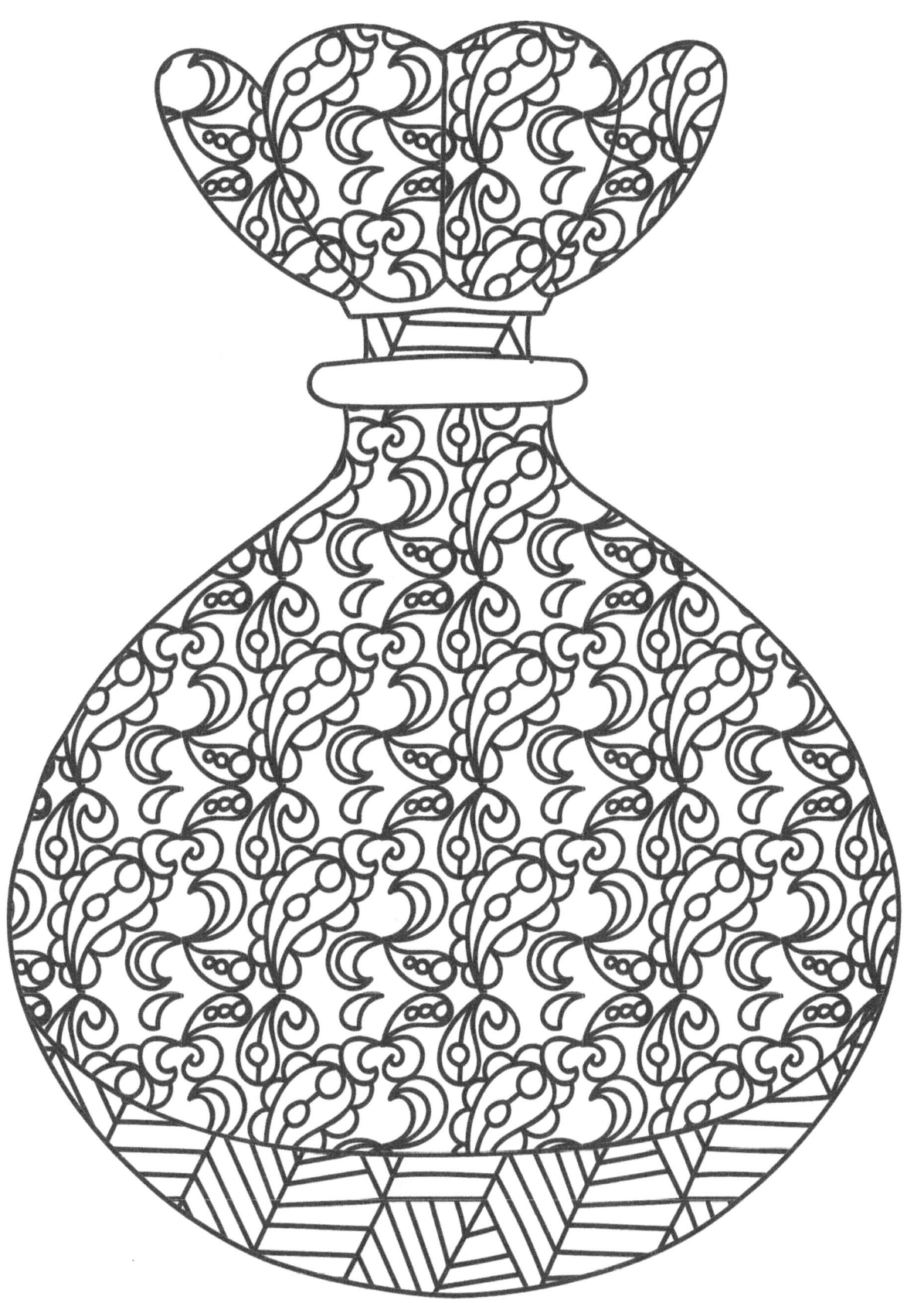

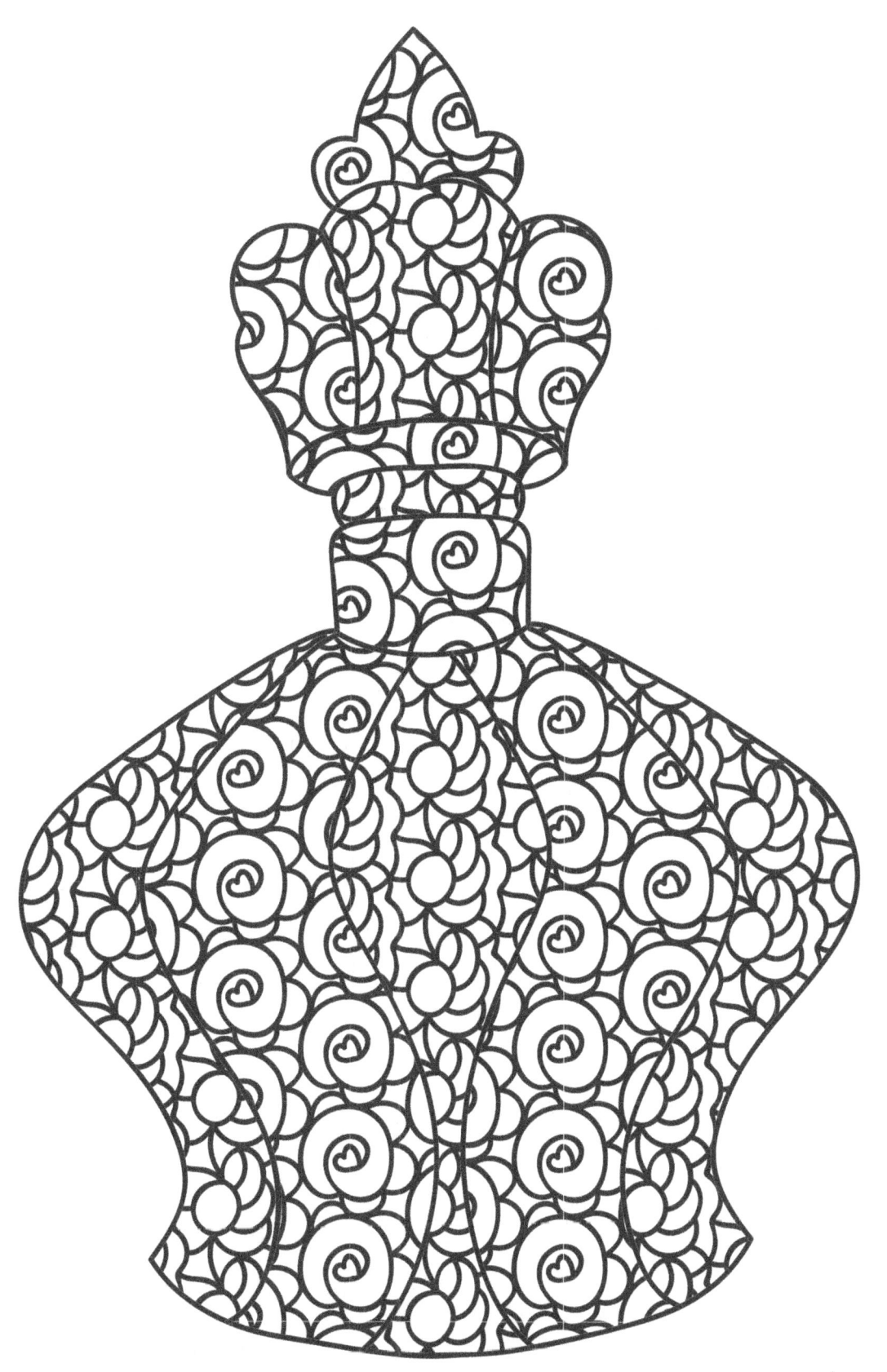

# COLOR TEST PAGE

# COLOR TEST PAGE

www.ingramcontent.com/pod-product-compliance
Lightning Source LLC
Chambersburg PA
CBHW082119220526
45472CB00009B/2237

# FRACTAL MANDALA COLORING BOOK MIDNIGHT EDITION

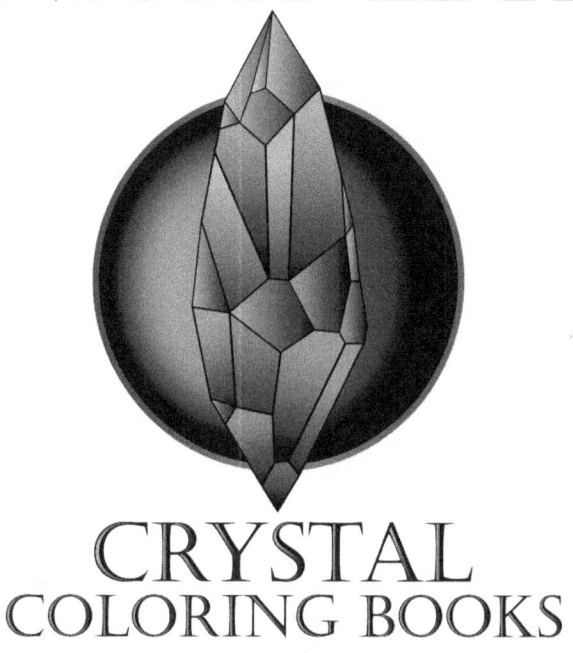

## CRYSTAL
### COLORING BOOKS

Copyright © 2017 Crystal Coloring Books
All rights reserved.
ISBN-13: 978-1720304678
ISBN-10: 172030467X

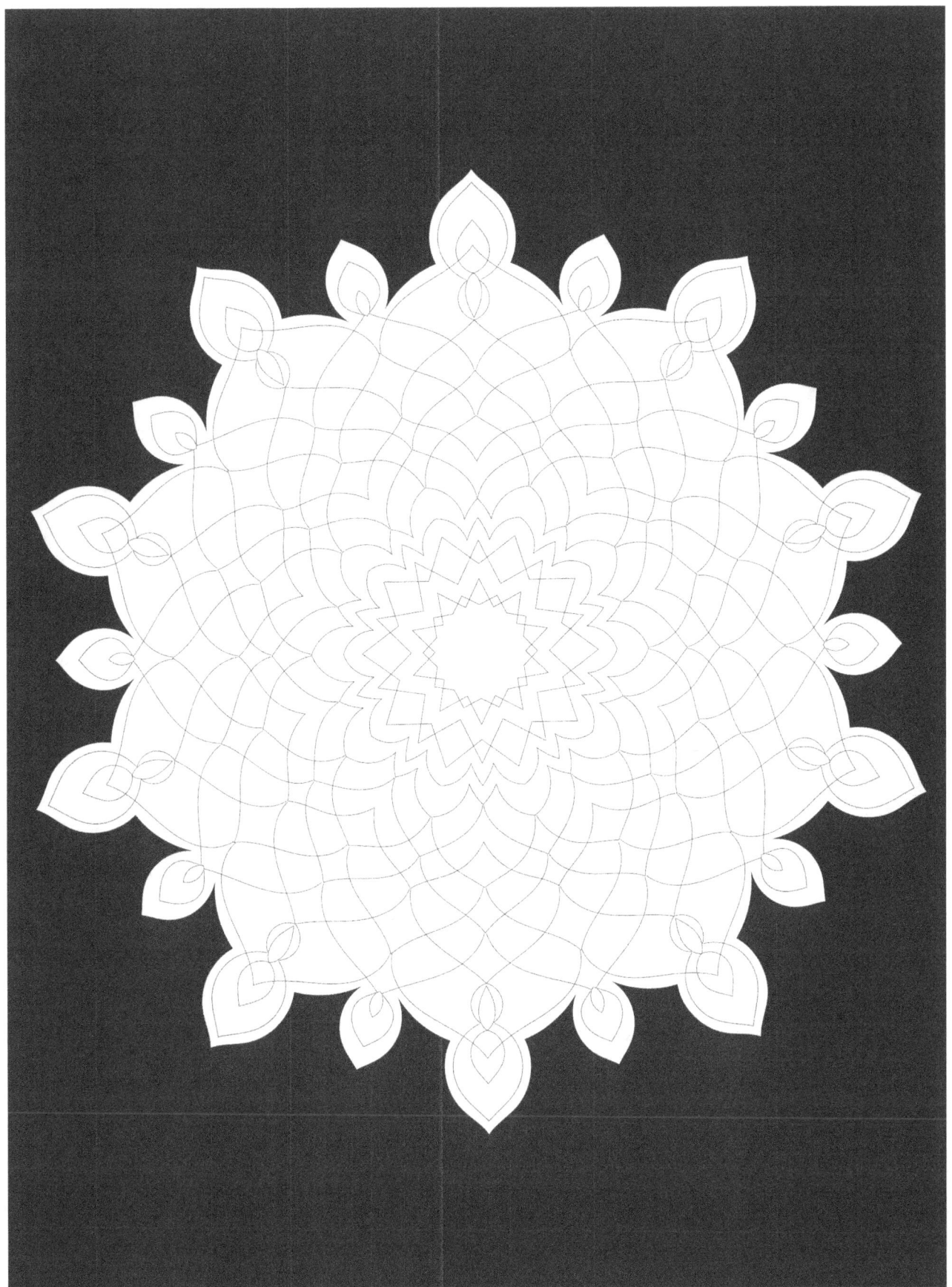

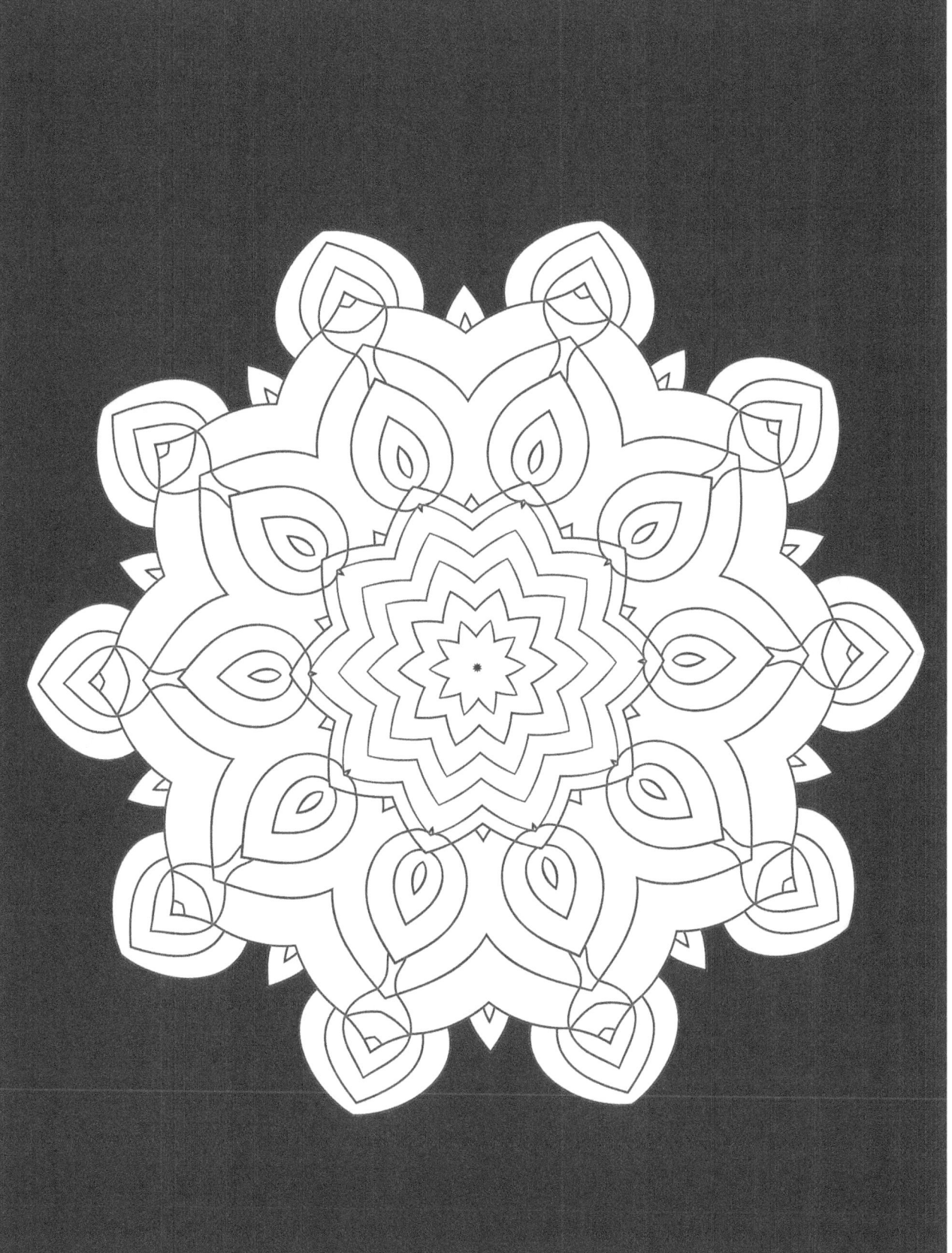

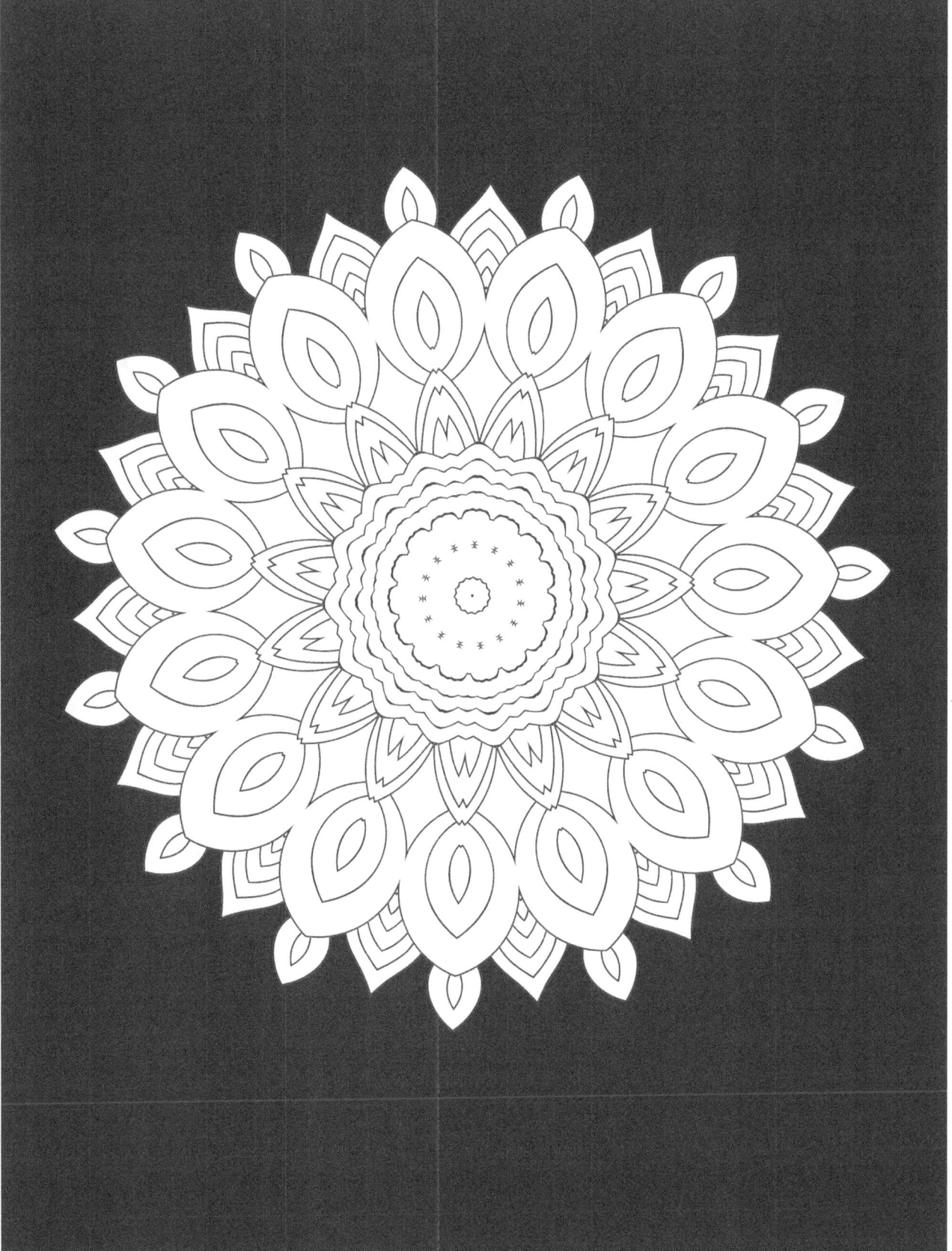

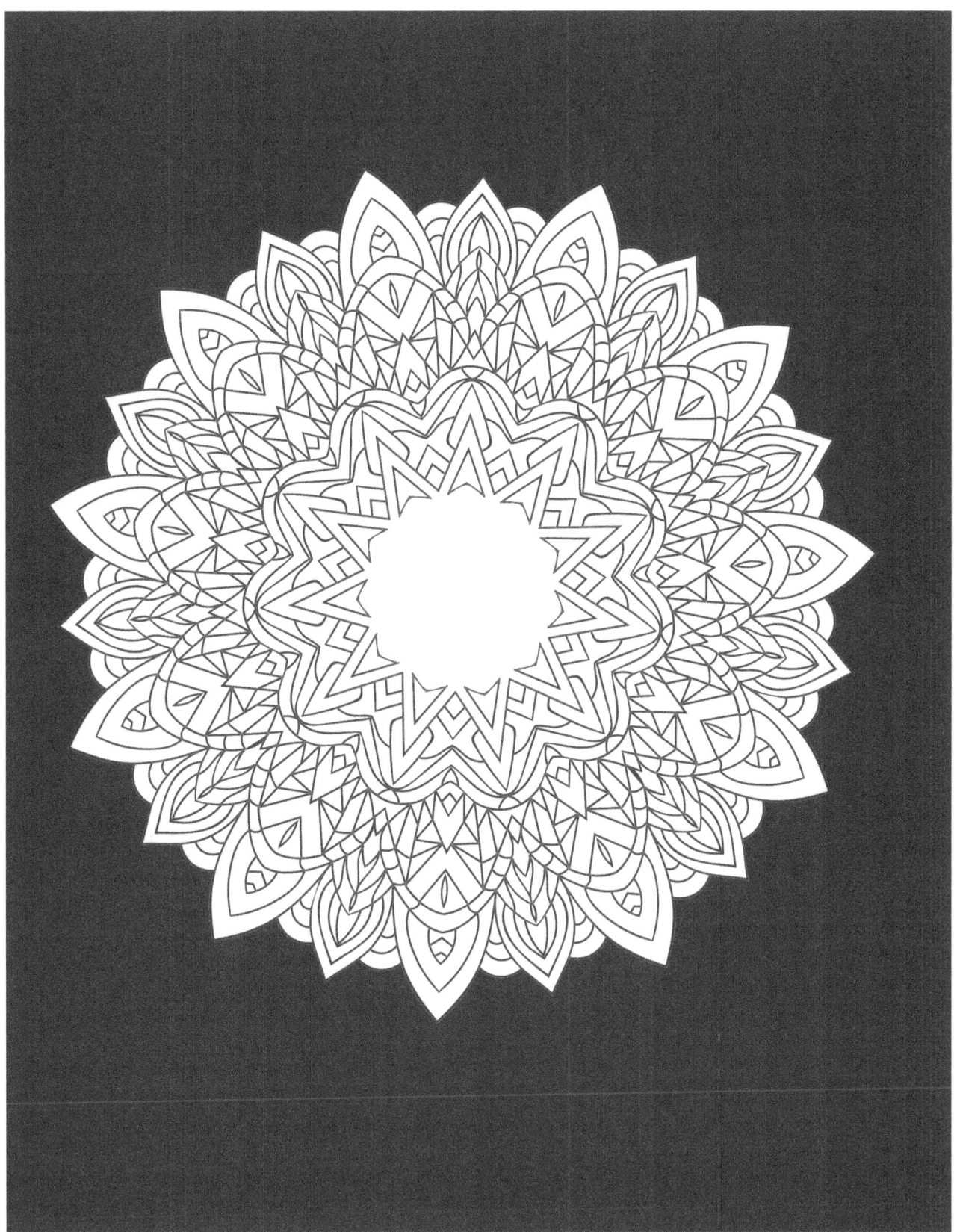

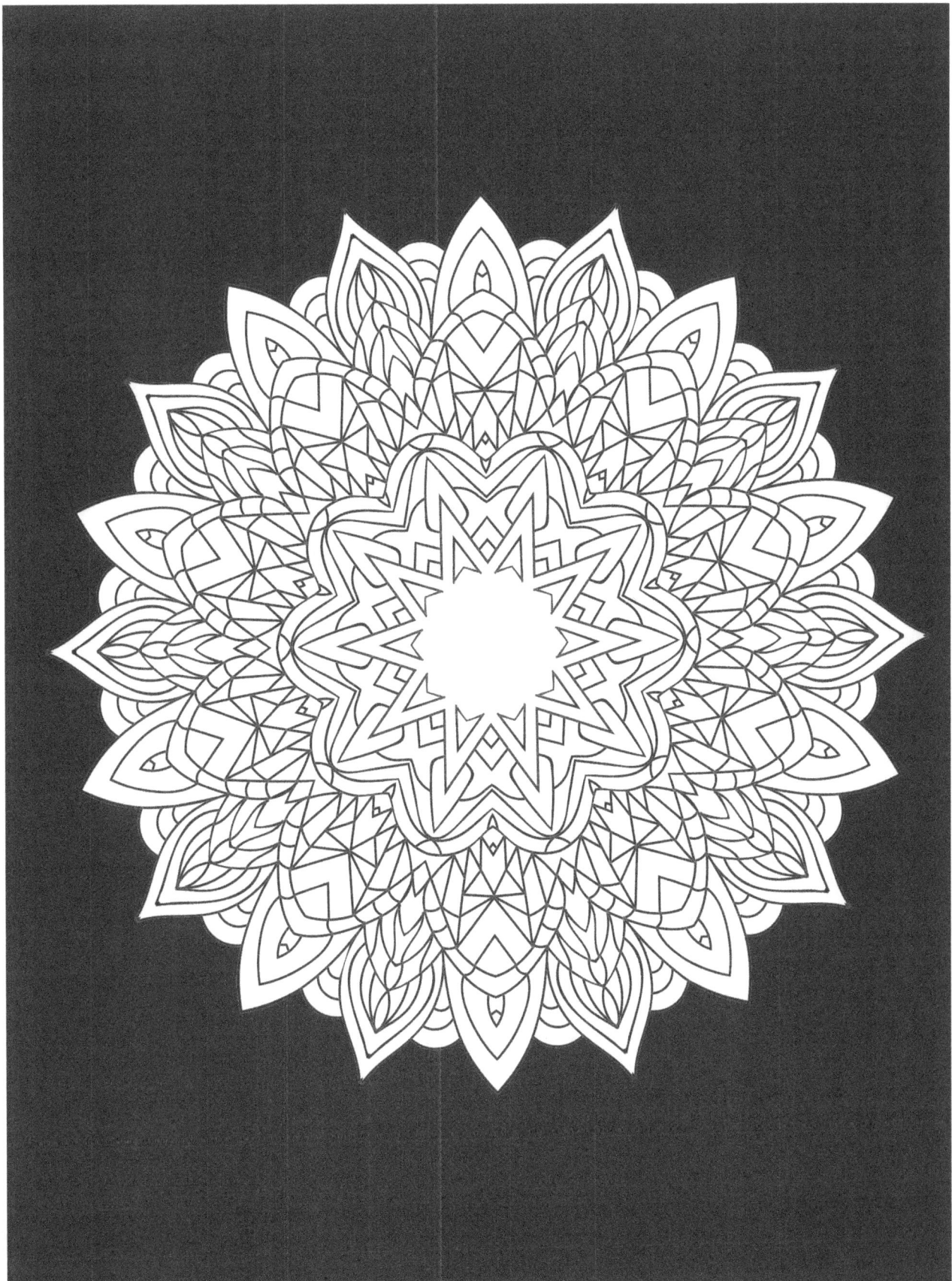

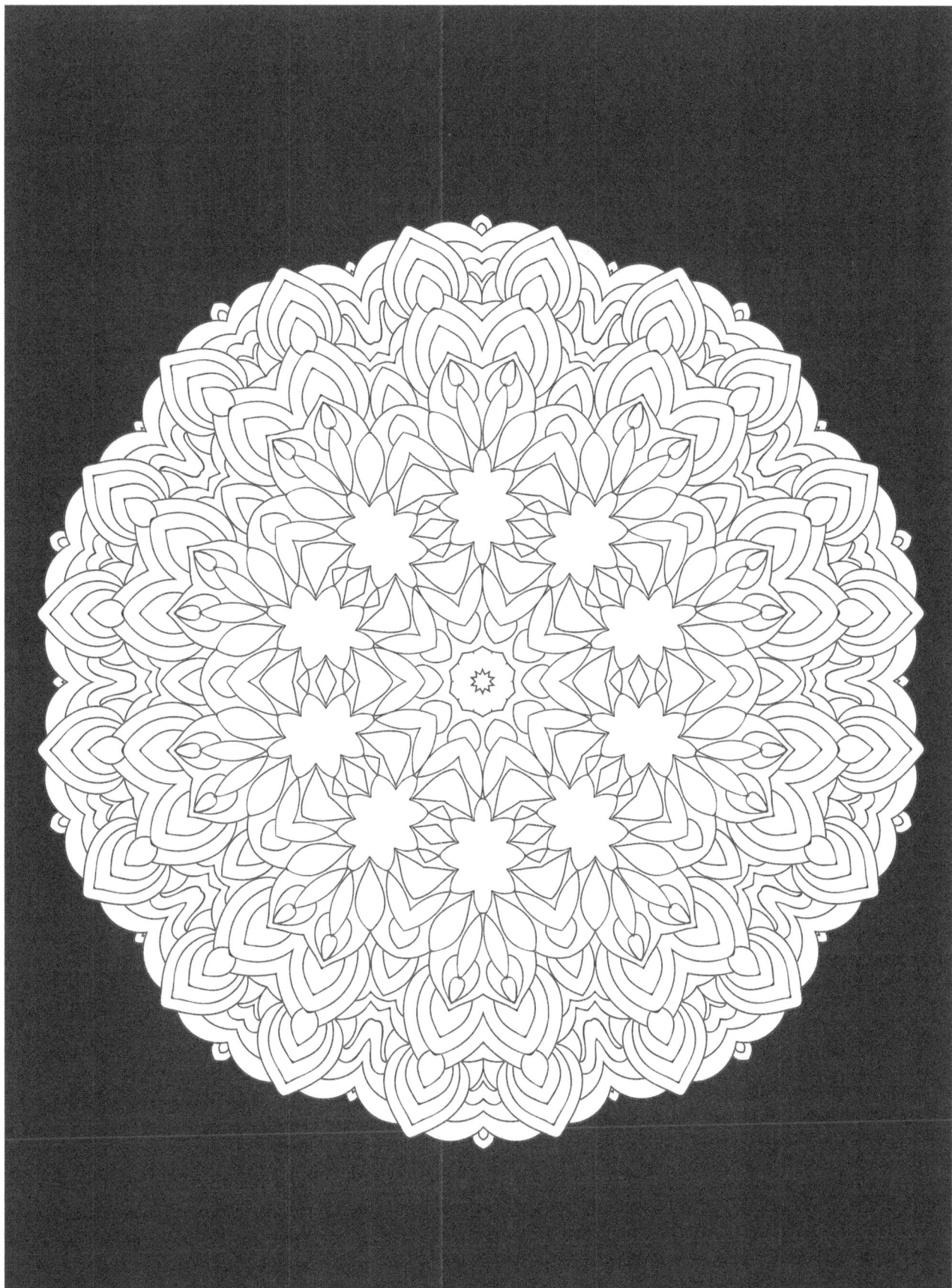

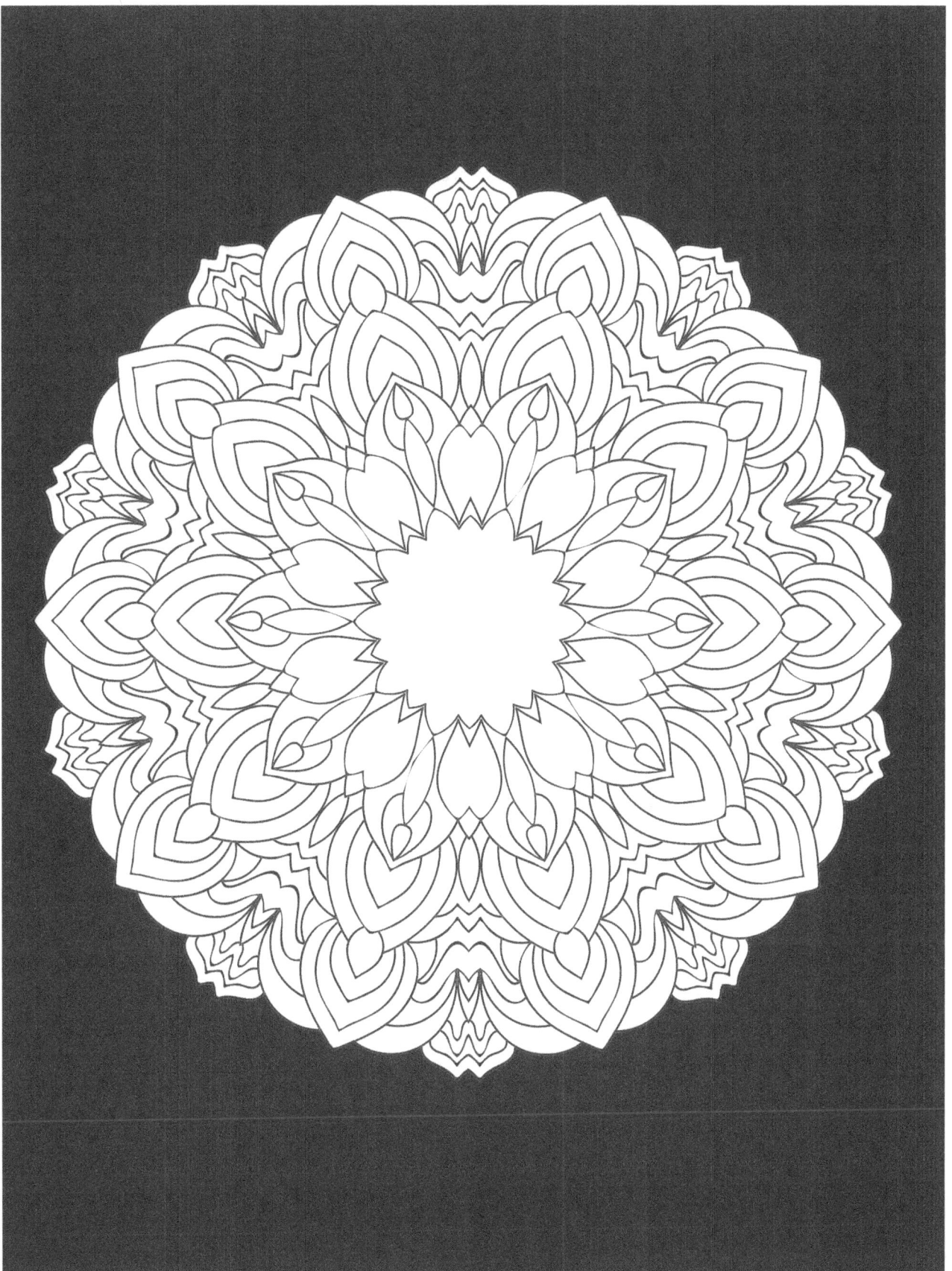

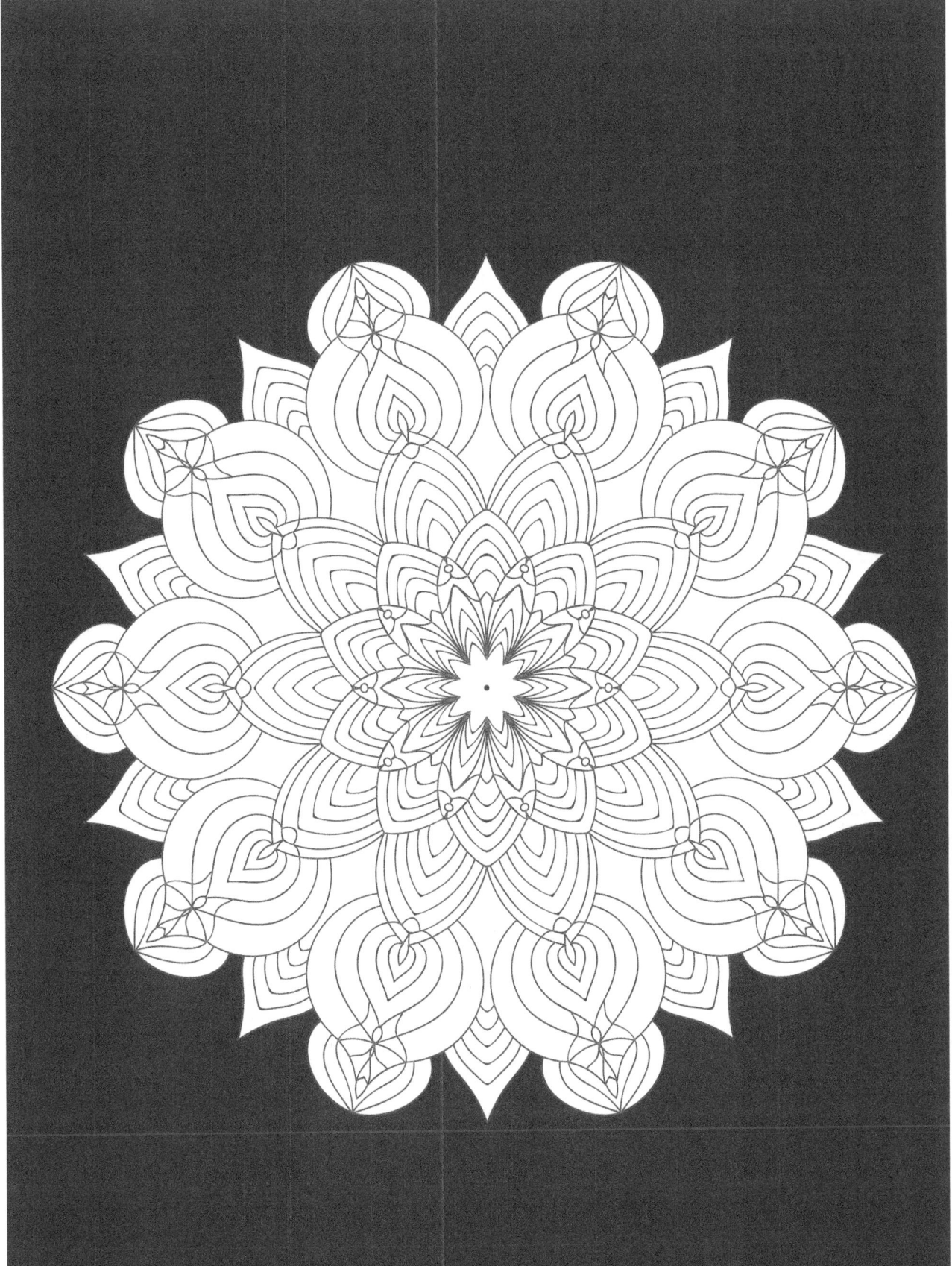

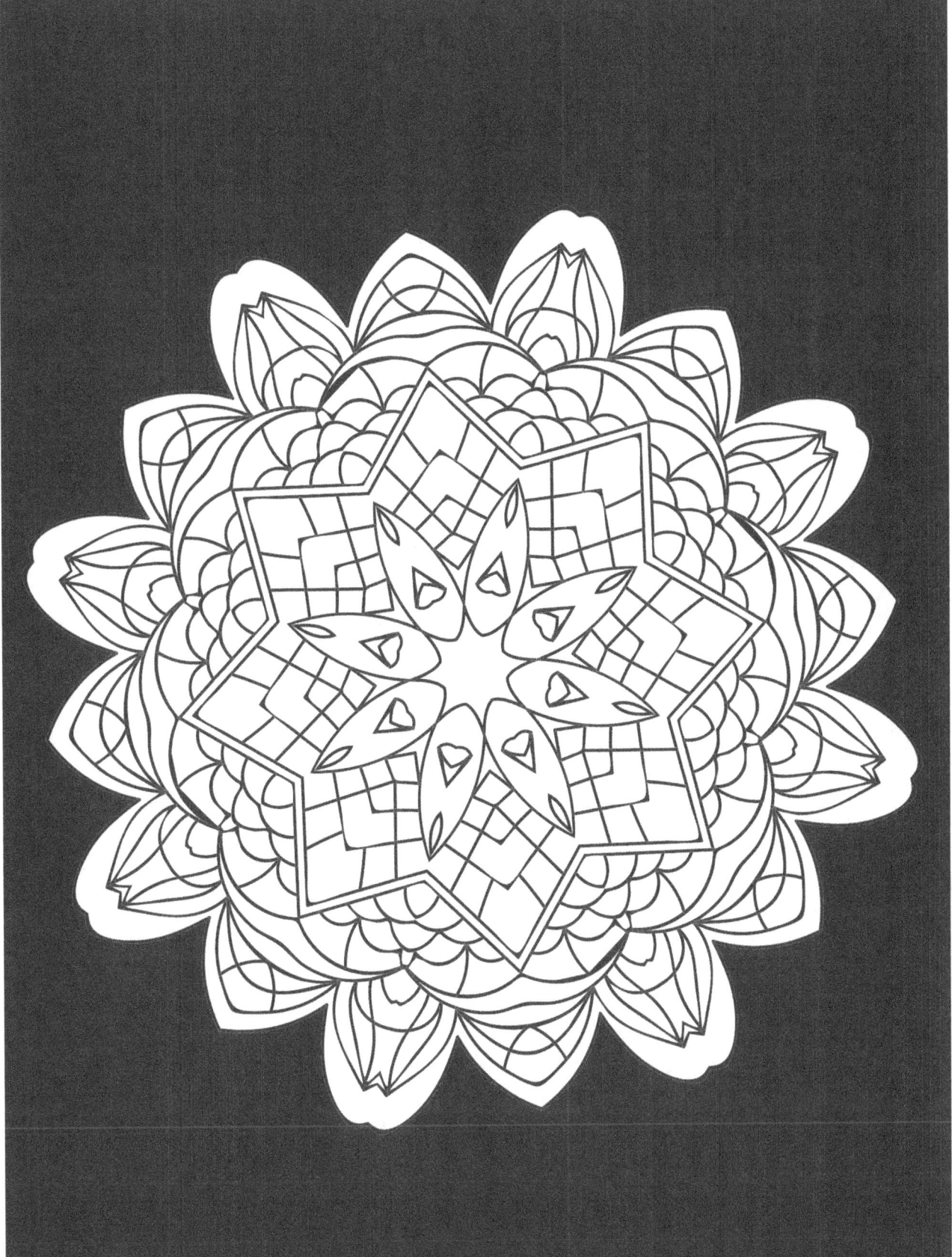

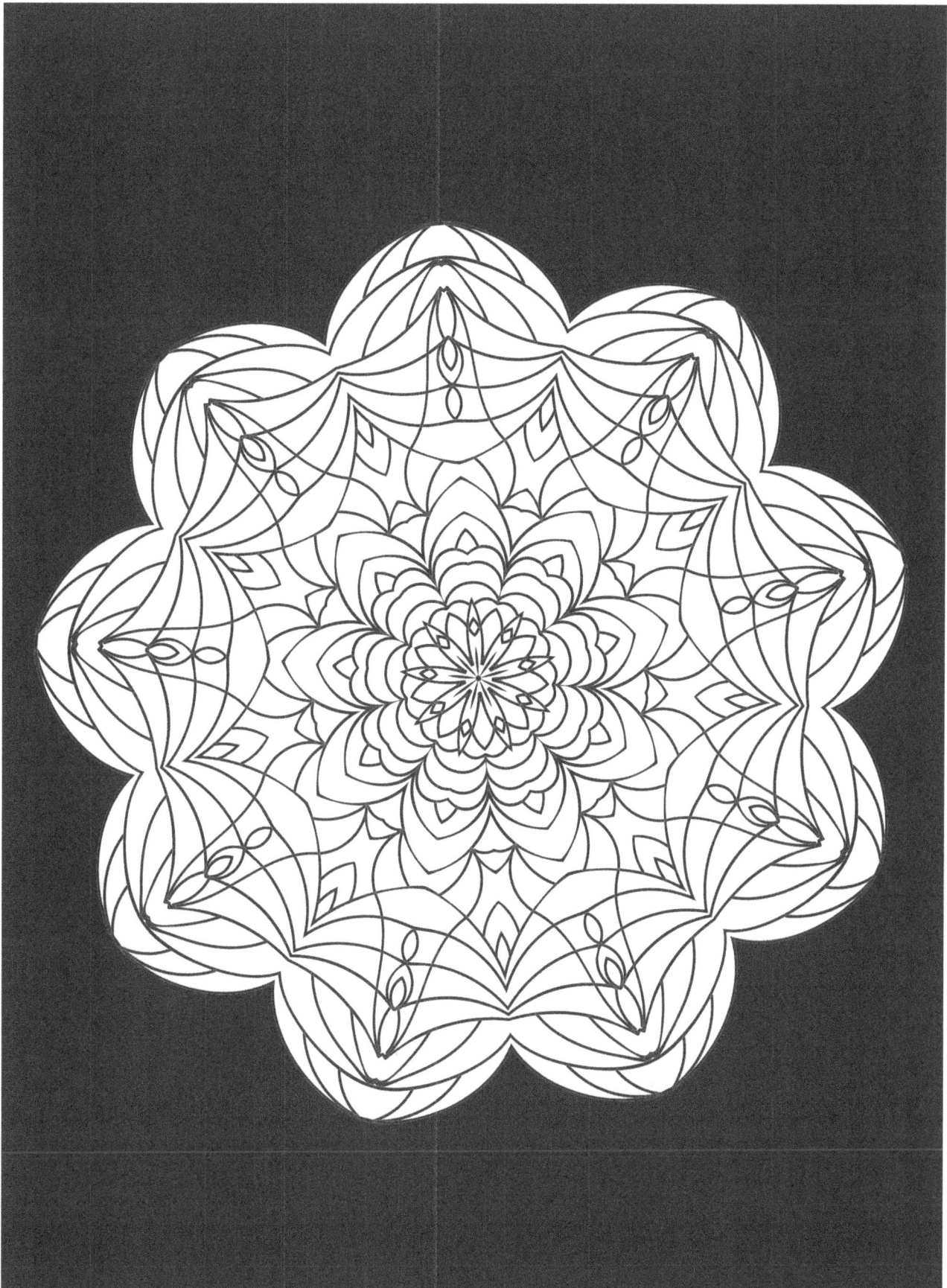

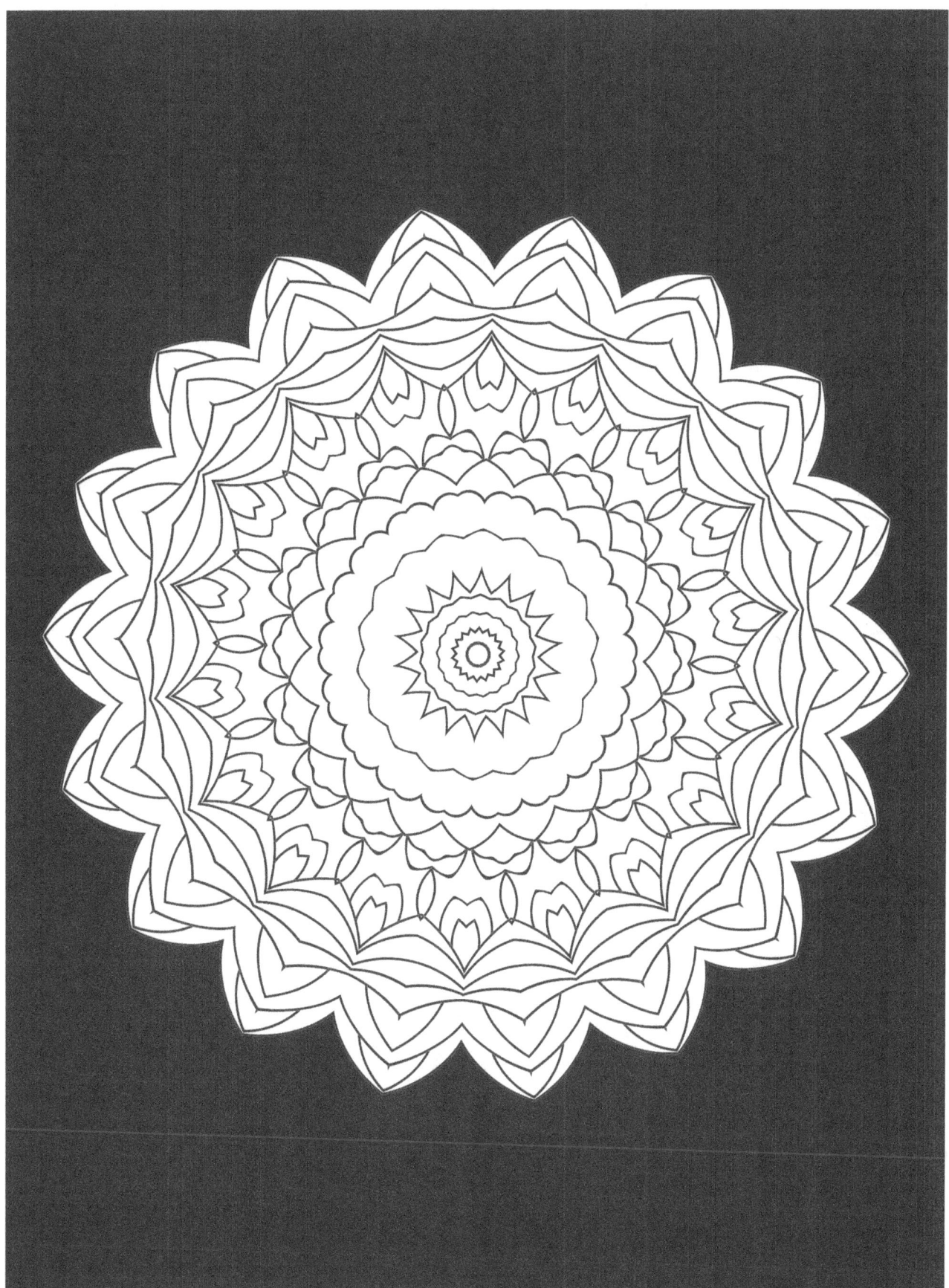

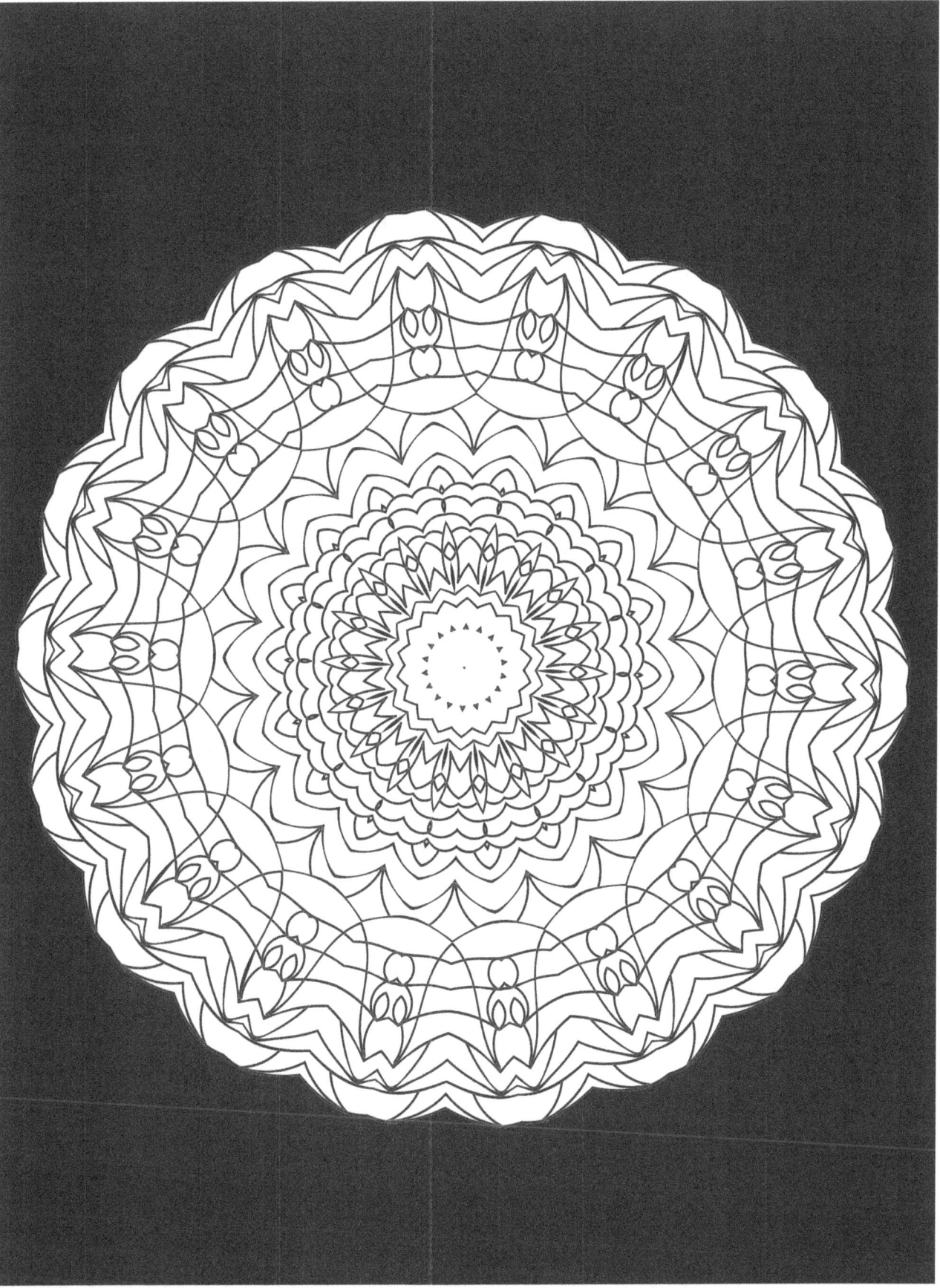

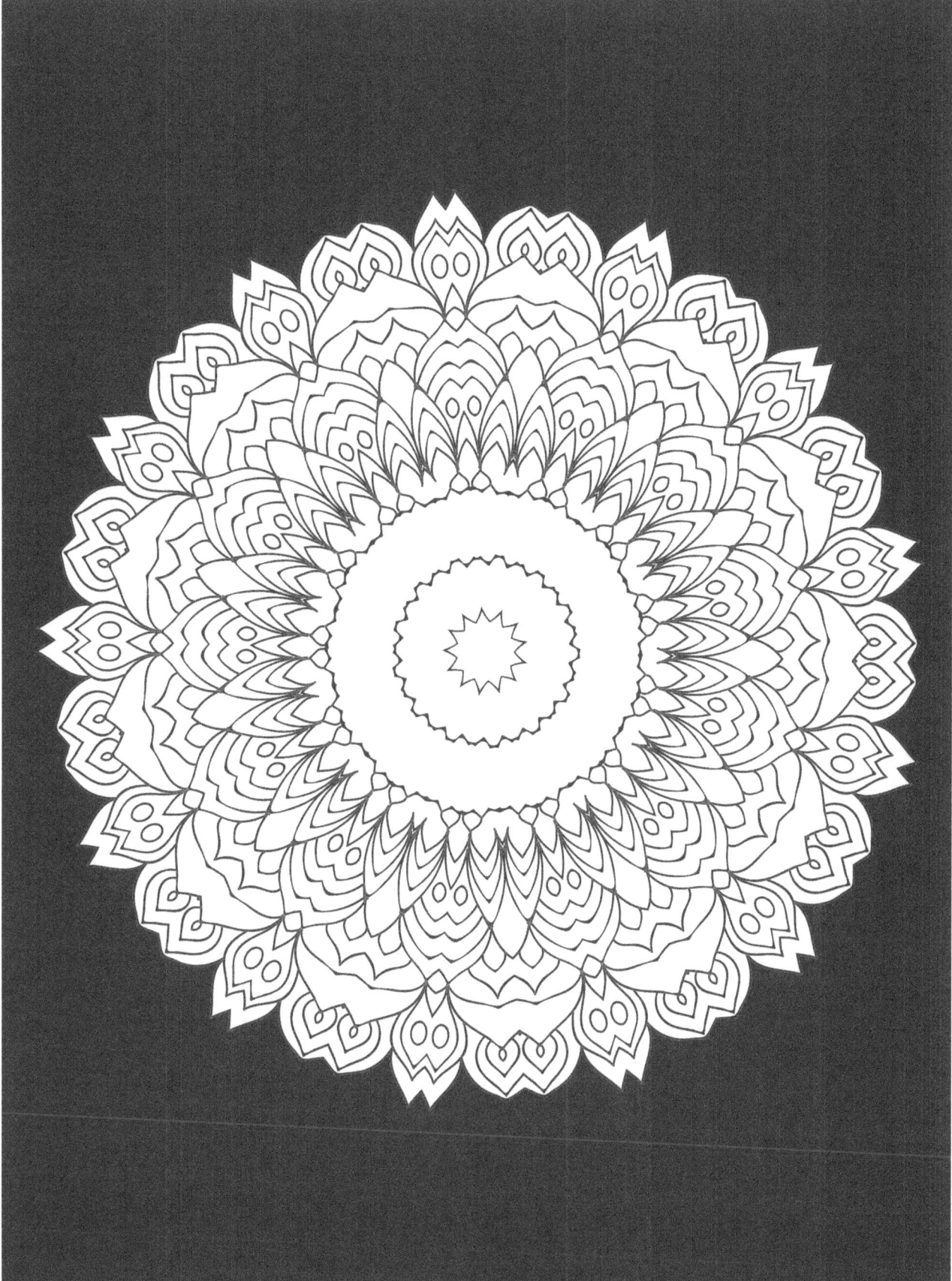

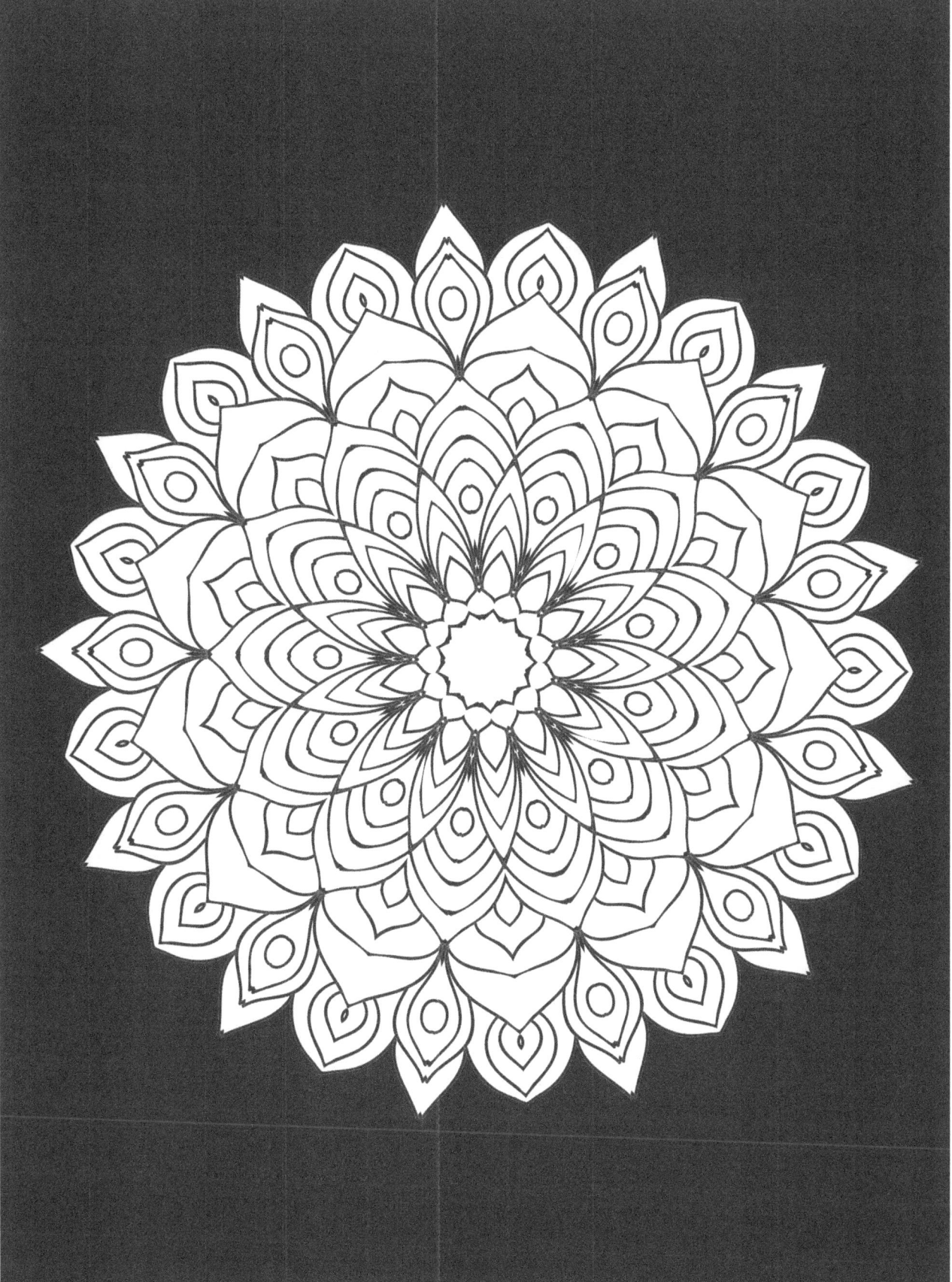

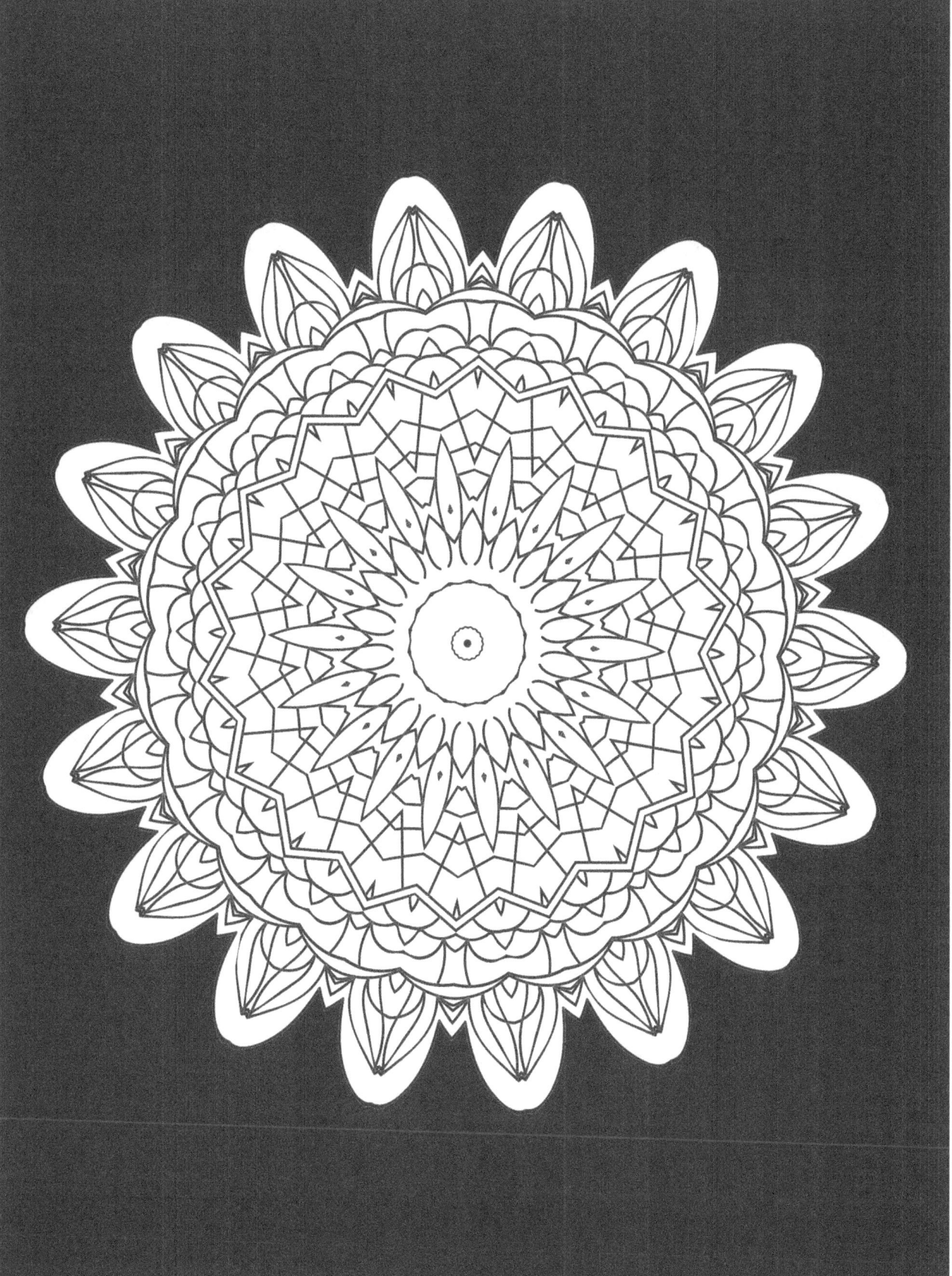

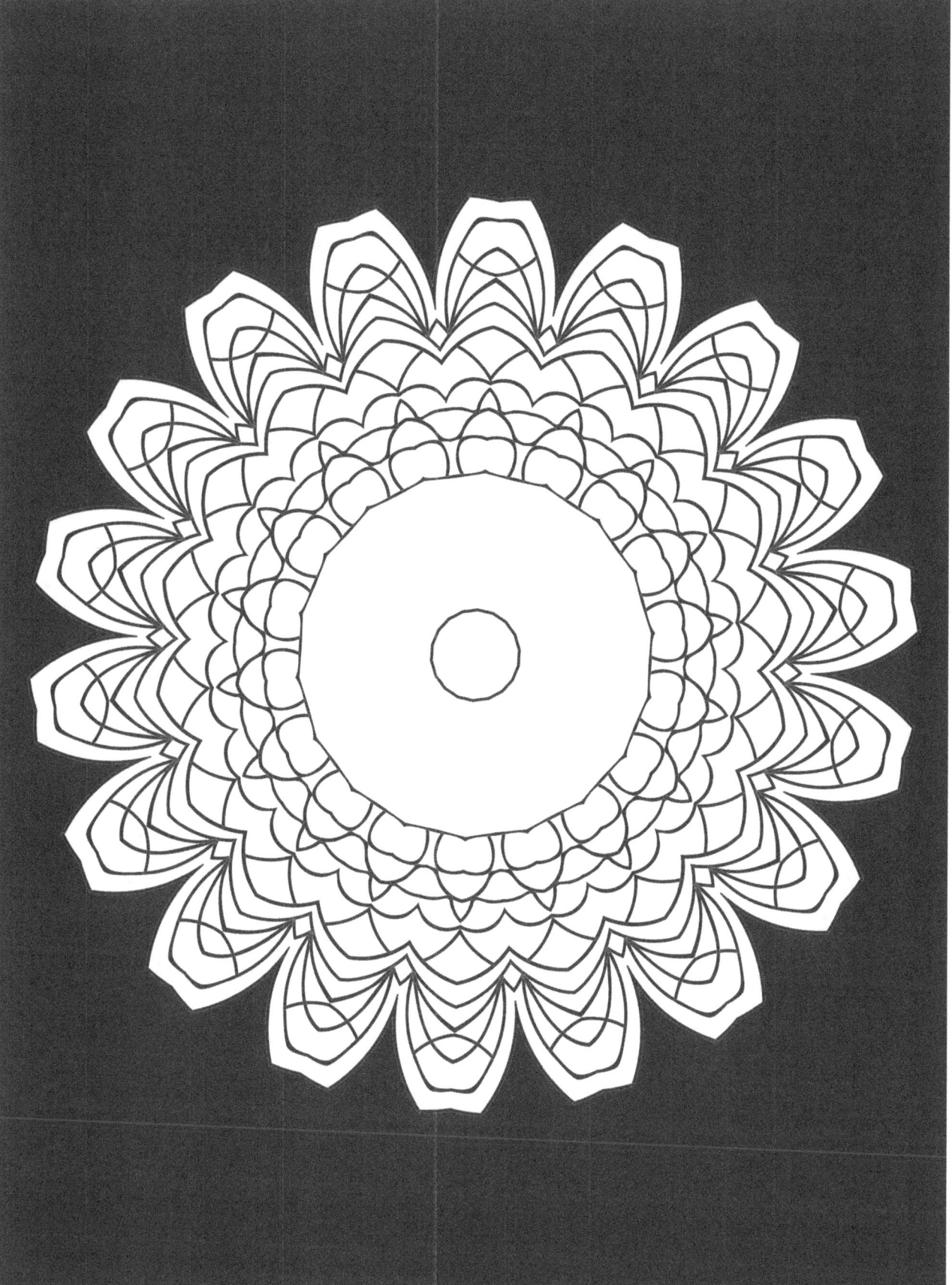

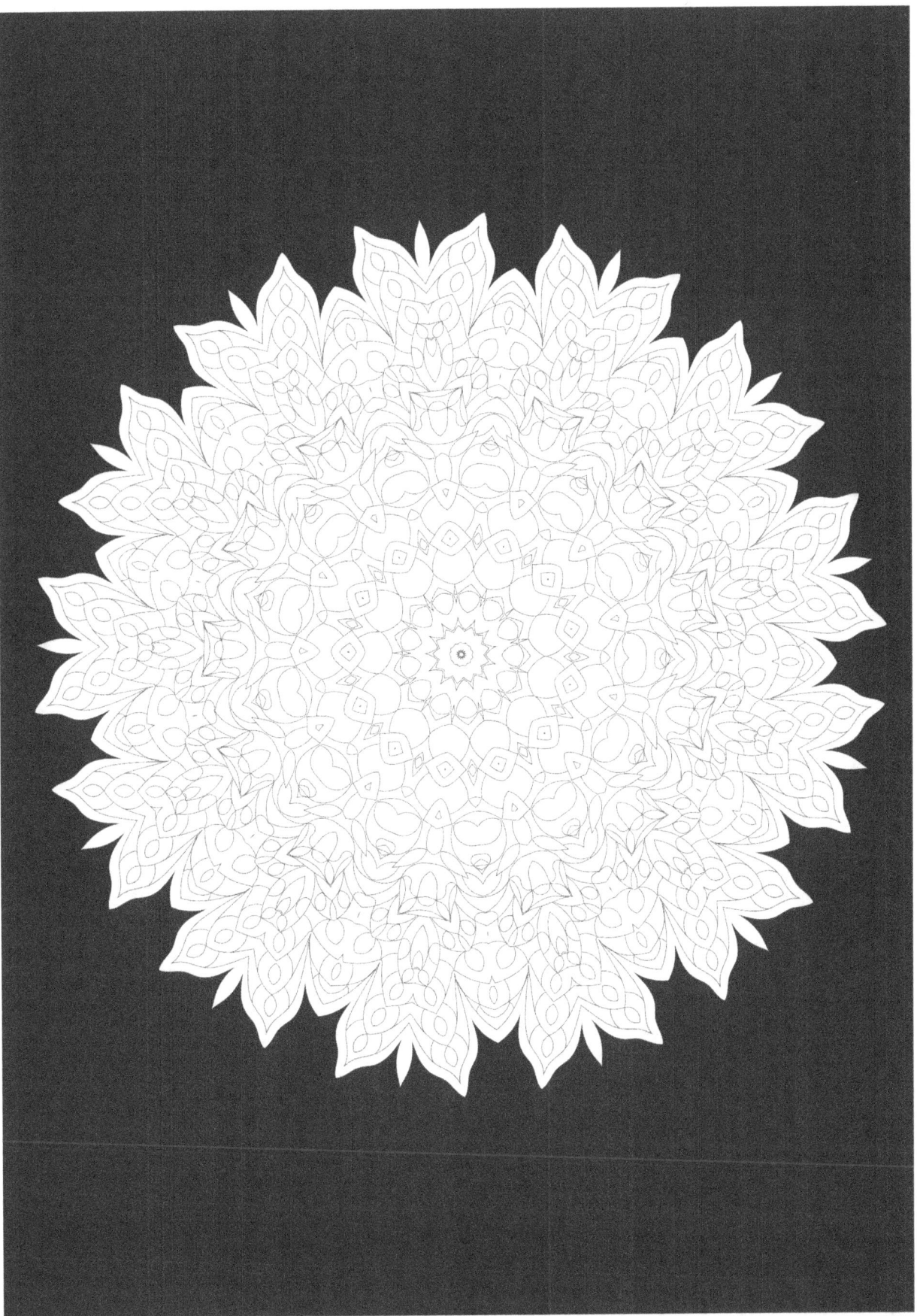

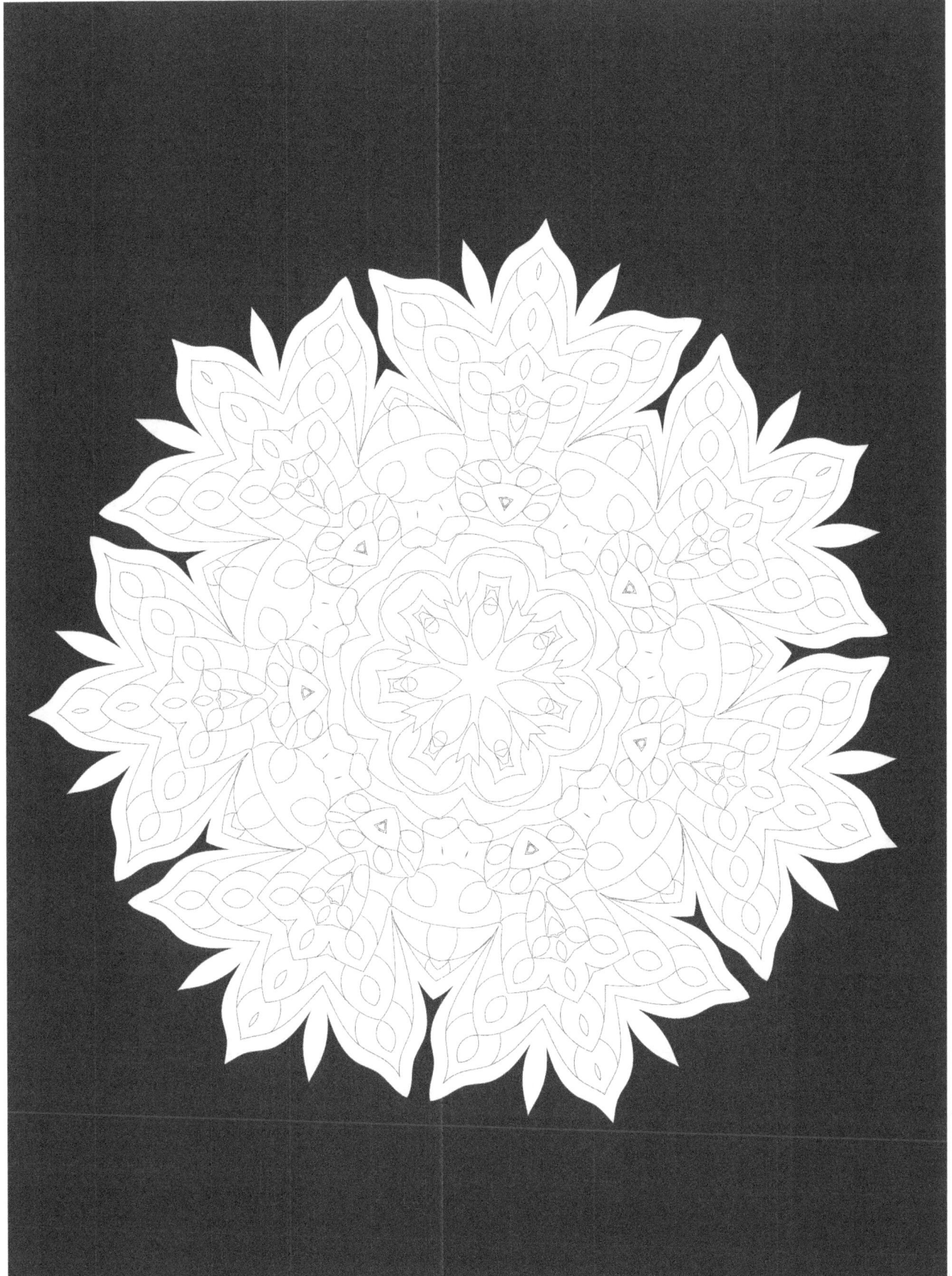

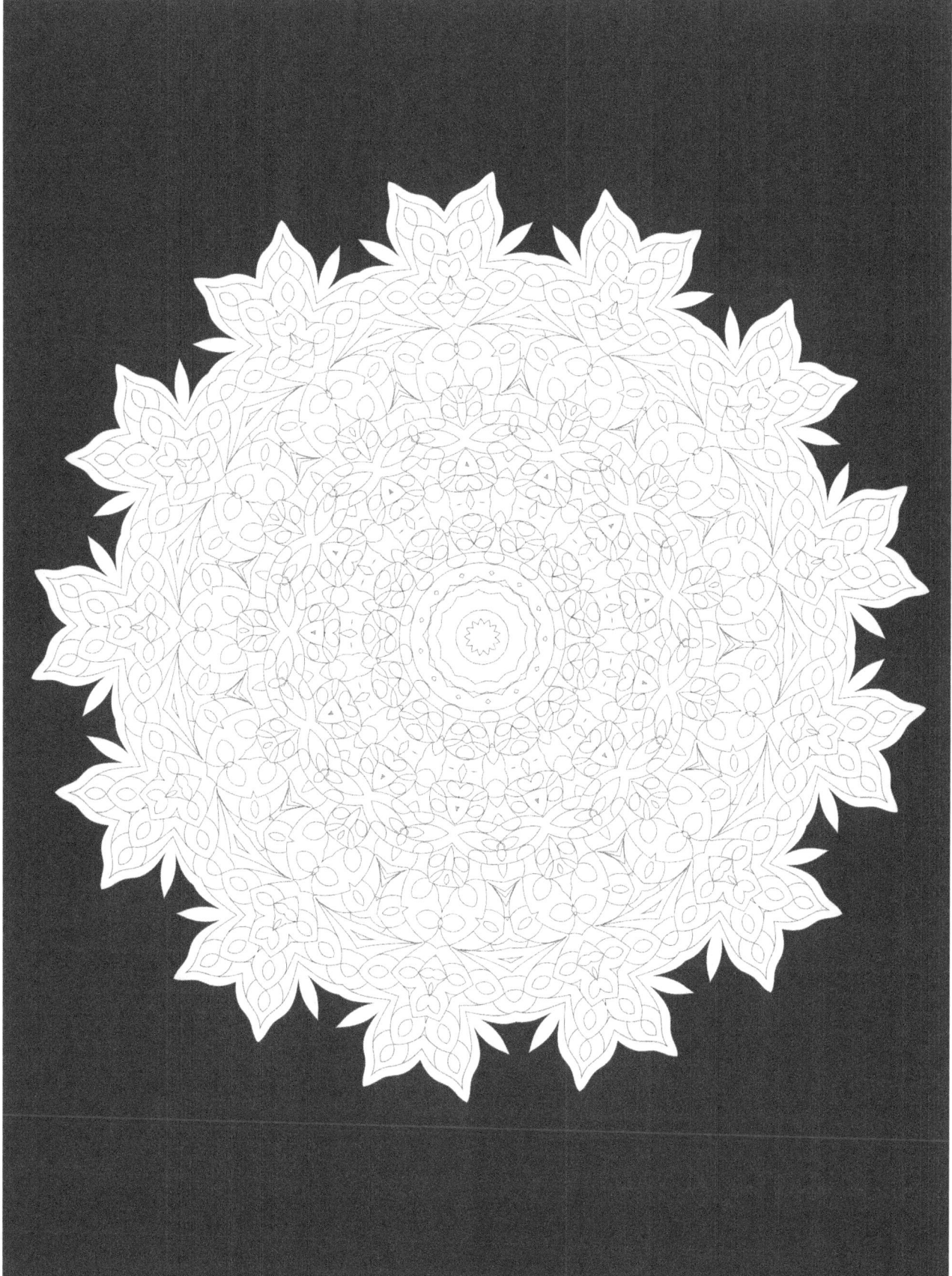

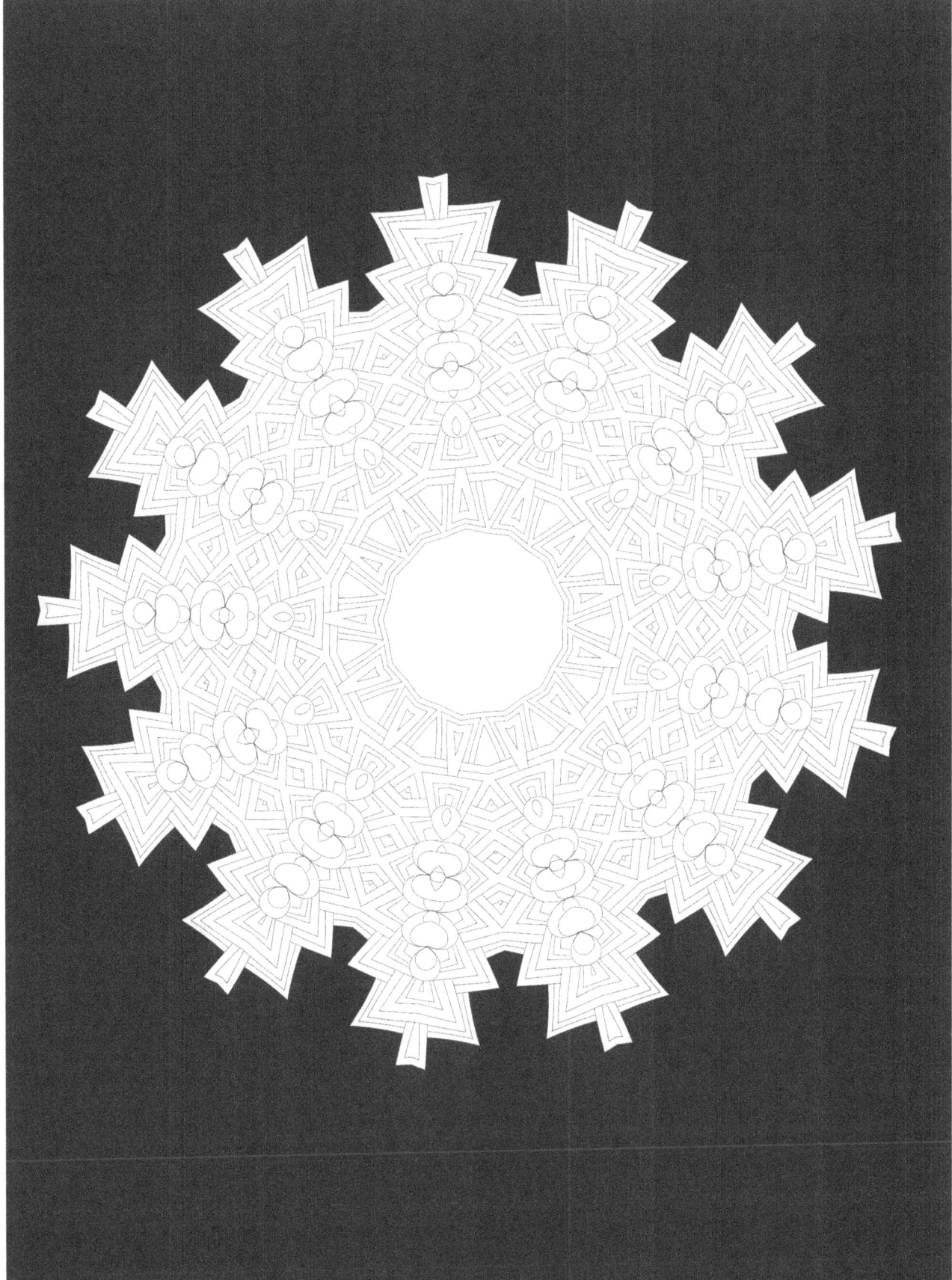

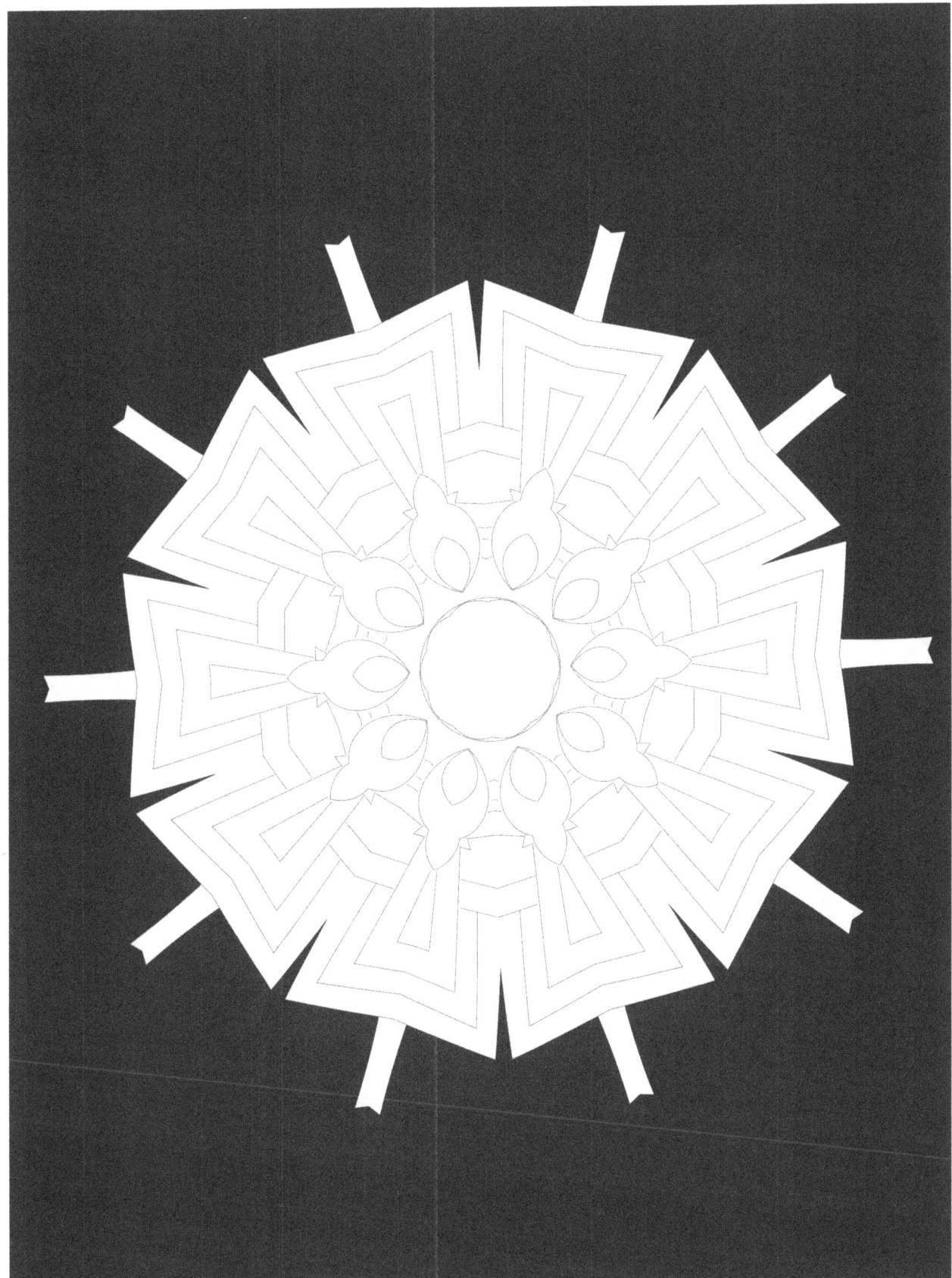

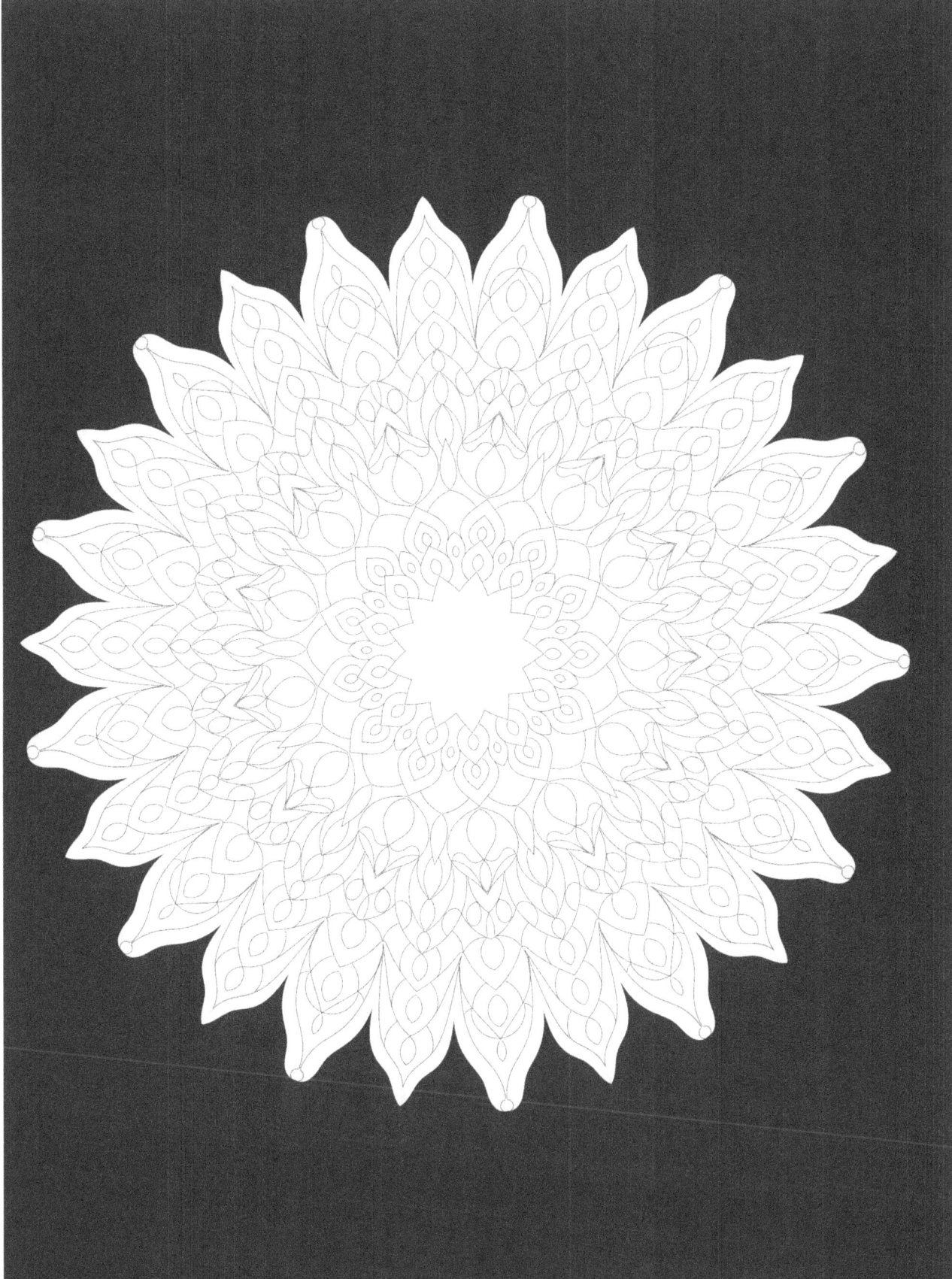

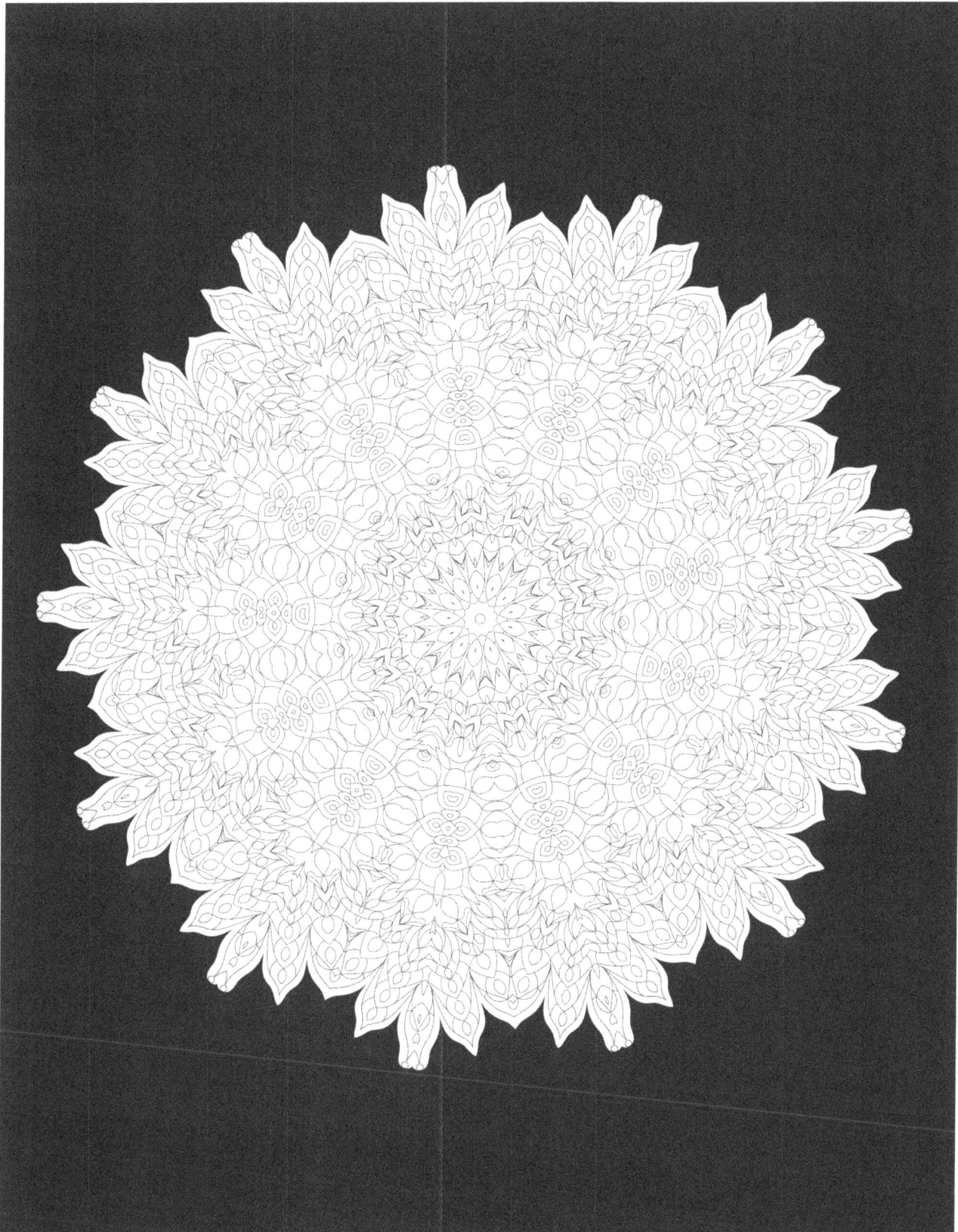

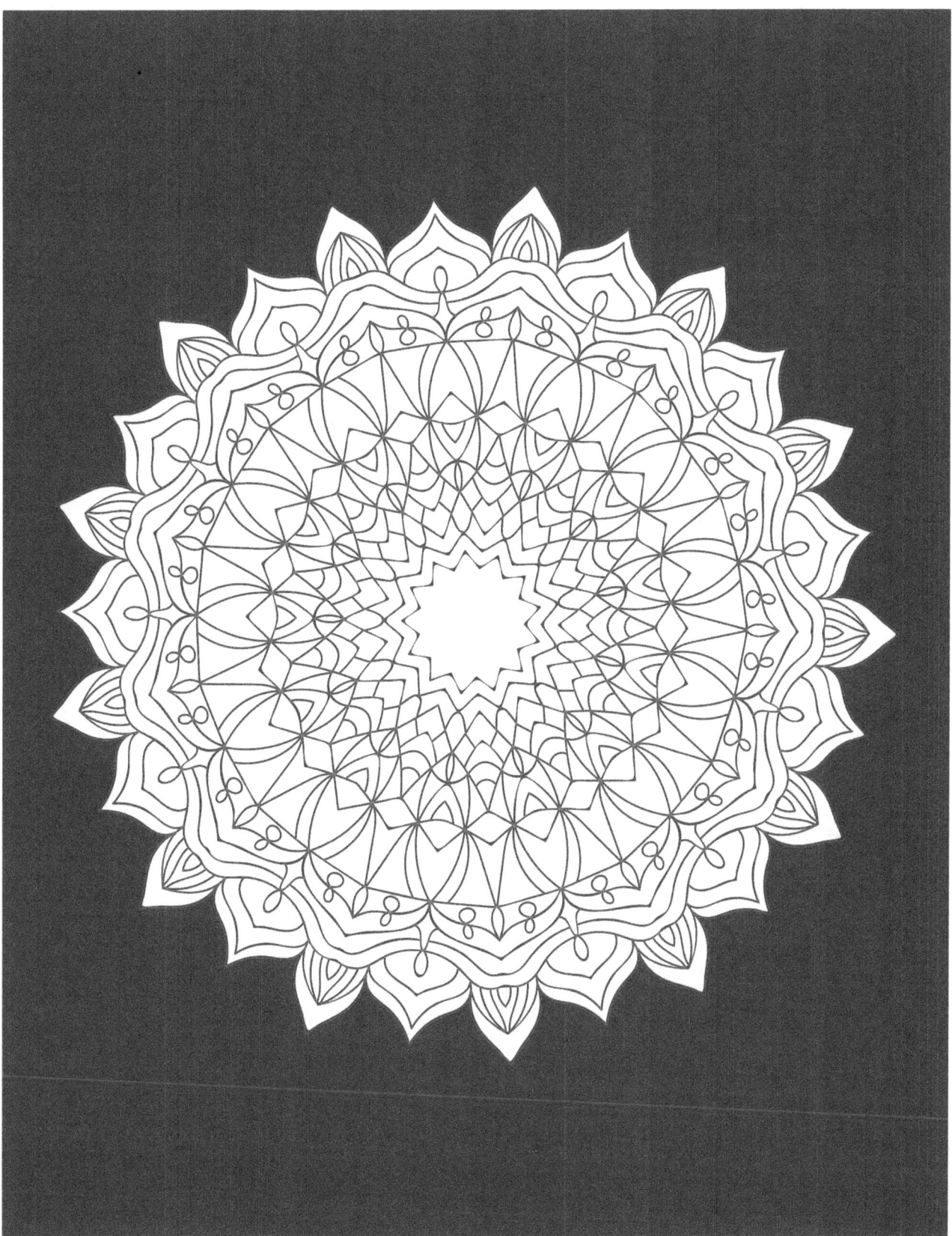

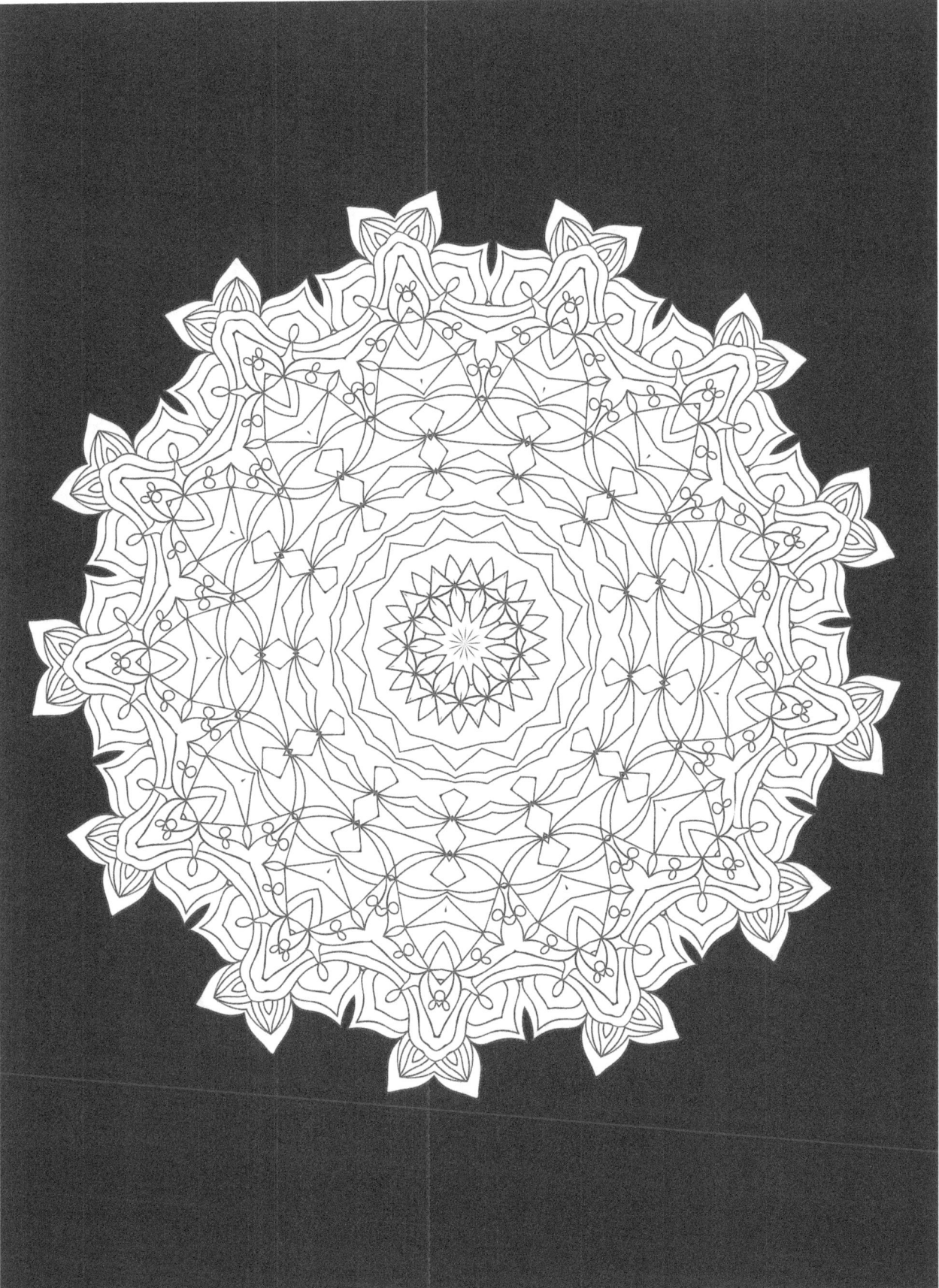

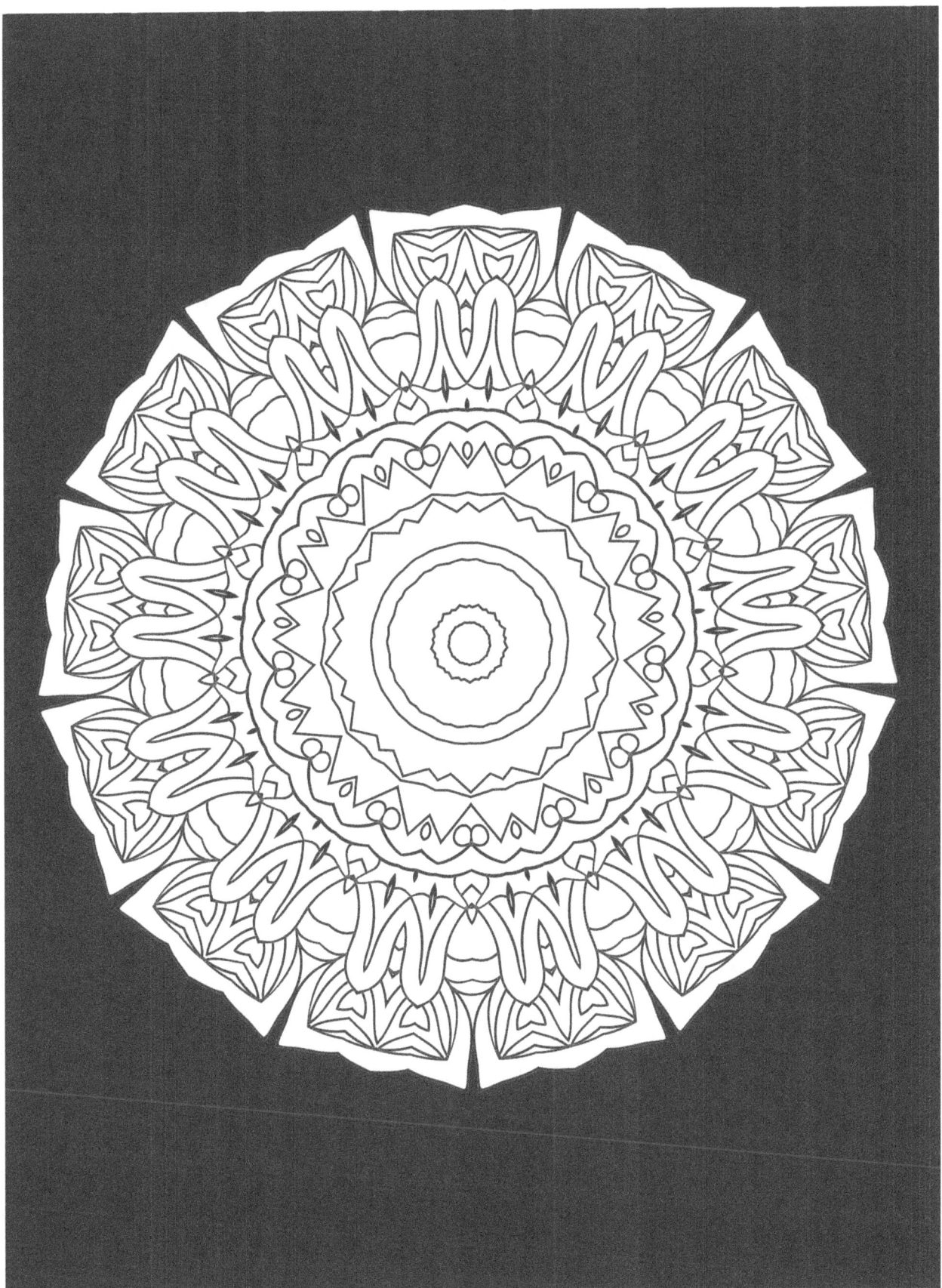

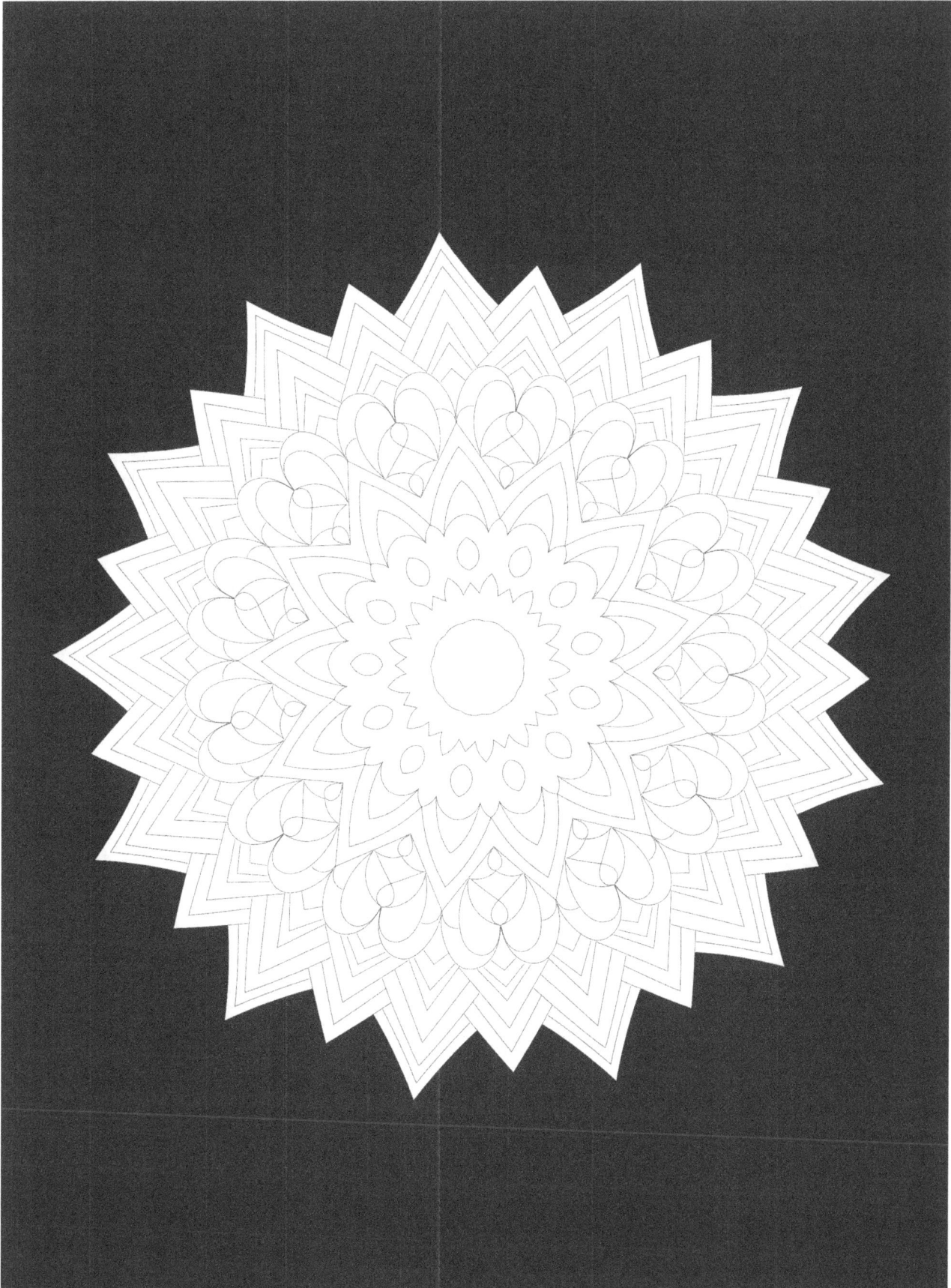

# COLOR TEST PAGE

# COLOR TEST PAGE

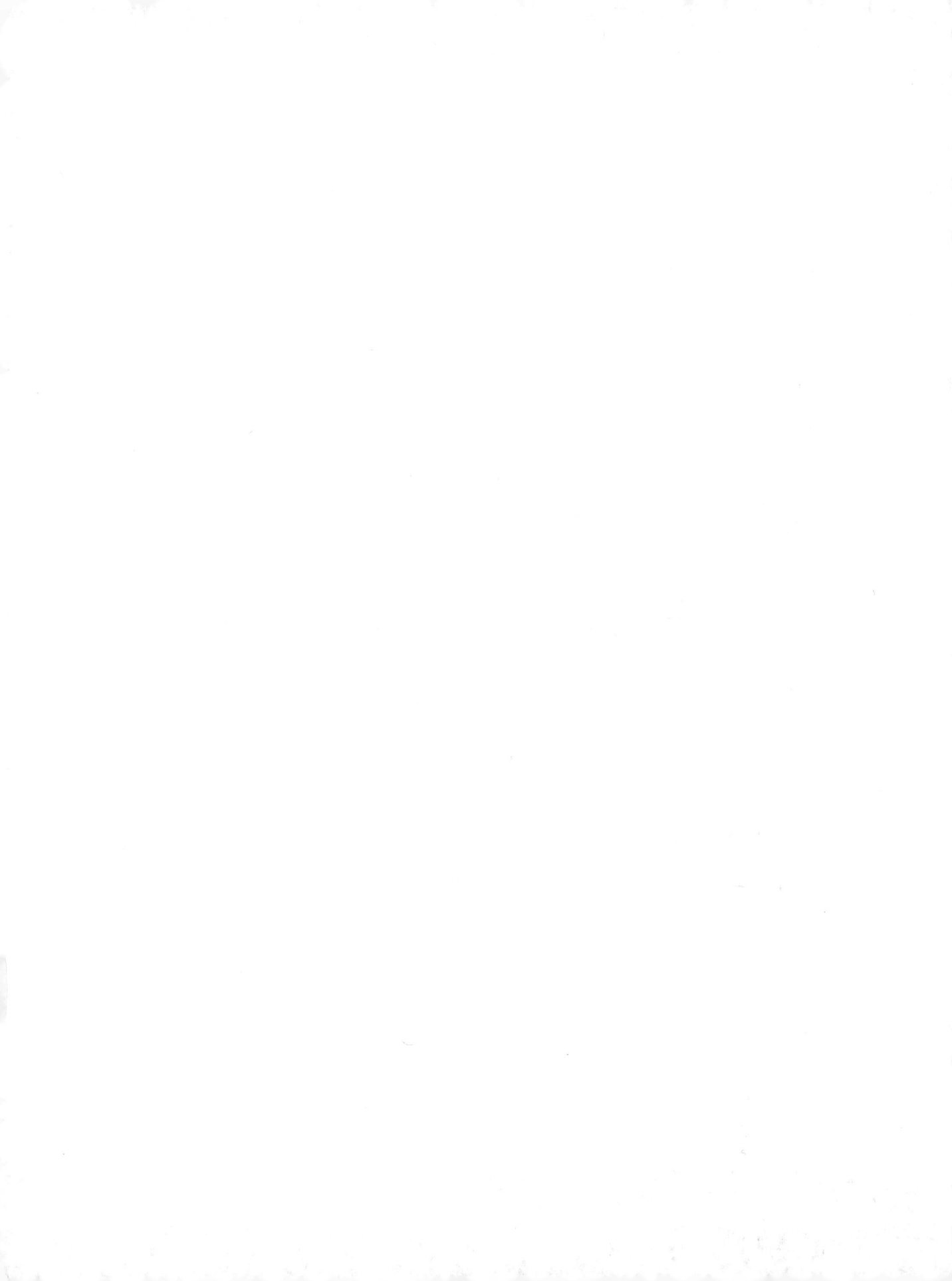

www.ingramcontent.com/pod-product-compliance
Lightning Source LLC
Chambersburg PA
CBHW082119220526
45472CB00009B/2235